어린이교육의 기본 바로 알기 시리즈 ⑫

소통과 협력을 통한 교육과정운영 바로 알기

명지전문대학 부속 명지유치원 편

대한어린이교육협회 창지사

머리말

"한 아이를 키우려면 온 마을이 필요하다(It takes a village to raise a child)"라는 아프리카 속담이 있습니다. 한 아이를 온전히 잘 키워내기 위해서 마을 구성원 모두의 관심과 사랑이 필요하다는 말이겠죠. 아이가 잘 자란다는 것은 어떤 의미일까요? 아이가 세상과 소통하게 되고, 세상을 잘 이해하게 되고, 그 세상 안에서 행복하게 사는 것 아닐까요?

영유아를 교육하는 우리들은 아이들의 교육에 대해 늘 고민합니다. 교실이라는 작은 공간 속에서 만난 유아들에게 교사는 최선을 다해 교육합니다. 영유아의 발달 수준을 파악하고, 놀이를 관찰하고, 교육과정을 계획 · 실행 · 평가합니다. 그러나 이러한 교육은 교사 혼자서 이루어낼 수 있는 것은 아닙니다. 교사는 유아가 끊임없이 외부와 소통할 수 있도록 도와줌과 동시에 부모나 지역사회와 협력하여 함께 교육의 목적을 달성해내야 합니다.

유아, 교사, 부모, 지역사회는 모두 하나의 교육공동체입니다. 서로서로 의견을 나누고, 발전적인 제안을 하고, 적극적으로 협력하면서 아이들이 건강한 시민으로 자랄 수 있도록 함께 노력해야 합니다. 2019 개정 누리과정에서는 교사의 자율성을 더욱 강조하고 있는 만큼 교사가 좀 더 적극적으로 교육공동체간의 협력을 이끌어

낼 수 있어야 합니다. 교사는 교사뿐만 아니라 부모나 지역사회도 유아들 교육의 주체라는 인식을 명확히 가질 수 있게 다각도로 노력해야 합니다.

본 서에서는 현재 유아교육 현장에서 나타나고 있는 교육공동체의 다양한 협력 형태를 살펴보고, 실제 교육운영 속에서 소통과 협력이 잘 이루어지기 위해서는 기관의 교육환경이나 여건이 어떻게 조성되면 좋을지 제시해 봅니다. 또한 인성 교육, 독서교육, 생태전환교육을 통해서 교육공동체가 서로 소통하고 협력하는 구체적인 모습을 소개하고자 합니다. 본 사례가 교육공동체에 대한 고민을 하고 있는 교사들에게 조금이나마 도움이 되길 바라며, '함께' 하는 교육이 유아들에게도 진정 의미있는 교육으로 다가갈 수 있기를 기대해봅니다.

2022년 8월

저자 일동

차례

III 소통과 협력을 통한 교육과정 운영의 실제 46

소통과 협력을
통한 교육과정운영
바로 알기

Ⅰ. 유아교육에서의 소통과 협력의 의미

2019 개정 누리과정이 영유아교육 현장에 본격적으로 실행되기 시작한 2020년 봄, COVID-19로 인해 현장은 제대로 된 교육과정을 운영하기조차 어려운 상황이었다. 개정 누리과정을 제대로 실행해보기도 전에 교사들은 처음 준비하는 원격수업 때문에 또 다른 어려움에 처하였고, 유아교육기관은 외부와는 단절된 상황에 놓이게 되었다.

유아들은 하루종일 마스크를 쓰고 있기 때문에 교사와의 소통도 친구와의 소통도 쉽지 않았고, 부모들은 일체 교육기관으로의 출입이 허락되지 않았으며, 연초에 계획한 지역사회와의 연계 활동도 모두 취소되었다. 이런 어려움 속에서 우리는 원격수업만으로도 학습이 가능한 중 · 고등학교와 달리 영유아들의 교육은 많은 사람들과의 '관계'속에서 이루어져야만 한다는 것을 다시 한번 깨닫게 되었다.

어려운 상황 속에서도 유아교사들은 새롭게 시작된 개정 누리과정을 현장에 잘 안착시키고자 노력하였다. 교육청에서 주관하는 다양한 비대면 교사연수에도 적극 참여하고, 개정 누리과정 운영을 위해 많은 새로운 시도도 하였다.

교육은 근본적으로 서로서로 관계를 맺고 있는 인간에 대한 것이며, 교육기관은 지식을 얻는 곳이 아니라 인간과 인간이 만나 배움이 일어나는 곳이다. 즉, 만남과 배움은 분리할 수 없는 것이며, 가르친다는 것(teaching)은 교육적 관계를 맺어가는 것이다(Bingham & Sidorkin, 2004). 유아교육기관에서의 관계는 모두 소중하다. 유아-교사 관계, 유아-유아 관계, 교사-교사 관계, 교사-부모 관계가 모두 긍정적일 때, 가장 높은 교육의 효과를 거둘 수 있다(Degortardi & Pearson, 2014). 그러기에 영유아들은 외부세계와의 끊임없는 관계맺음이 필요하고, 긍정적인 관계맺음을 하기 위해서는 잘 소통하고 협력하는 단계에 이르는 것이 중요하다.

본 서에서는 영유아의 교육에서 영유아를 둘러싸고 있는 여러 인적, 물적 환경들 간의 관계와 그 관계 속에서 이루어지는 소통과 협력의 중요성을 살펴보고, 모든 구성원이 모여 하나의 교육공동체가 되어 서로 소통하며 협력하는 현장의 모습을 살펴보고자 한다.

I. 소통과 협력

1) 소통과 협력의 개념

- 소통(疏通)의 사전적 의미는 '막히지 아니하고 잘 통함' 또는 '뜻이 서로 통하여 오해가 없음'(표준국어대사전,n.d.)이고, 영어로는 'communication' 또는 'communicate' 이다.

- 협력(協力)의 사전적 의미는 '힘을 합하여 서로 도움'(표준국어대사전,n.d.)이고, 영어로는 'cooperation' 또는 'collaboration'이다.

- 소통은 모든 조직에서 핵심요소이고, 본질적으로 정보를 공유하여 각자의 요구를 충족시키고 주목적을 달성하는 수단이며(서현, 서경희, 정은숙, 2012), 협력은 자발적인 의견교환과 상호존중을 통해 이루어지고, 개별적으로 과제를 해결할 때보다 창조적인 지식을 생산할 수 있게 되어 각 구성원의 합 그 이상의 의미를 갖게 된다(김계순, 2014).

2) 소통과 협력의 중요성과 그 의미

○ 우리가 레지오 에밀리아를 생각할 때, 물리적 환경, 아틀리에, 기록 등 다양한 것들을 떠올리지만, 사실 그 기저에 가장 중요하게 깔려 있는 것은 '관계의 중요성'에 대한 철학이다. 레지오 에밀리아의 창시자인 Malaguzzi는 이를 '관계의 교육학(pedagogy of relationships)'이라고 칭하였고, 이것이 레지오 에밀리아에서 행해진 모든 노력의 중심에 있는 것이다. 관계가 중심이 되는 하루하루를 준비하는 것이 그 시작이며, 그 안에서 유아든 성인이든 간에 각자에 대한 인정과 존중, 관계의 확장이 이루어지는 것이다(Smidt, 2013).

○ 영유아의 교육은 교육기관 내에서뿐만 아니라 가정이나 지역사회에서 함께 이루어지는 '과정'이다. 그러므로 유아의 효과적인 교육을 위해 유아, 교사, 부모, 지역사회는 서로 협력해야 하는 공동체이며, 이러한 협력은 진정한 소통을 통해 이루어진다.

○ 우리의 영유아교육 현장에서도 소통과 협력은 늘 강조되어 왔다. 그러나 실제적으로는 진정한 의미의 소통과 협력이 일어났는지는 되돌아보게 된다. 가정과의 연계, 지역사회와의 연계와 같은 단어들이 흔히 사용되어 왔지만, 그러한 연계라는 것이 단지 '일회성'이거나 지나치게 '일방향적인' 것은 아니었는지 생각해 본다. 진정한 협력을 이루기 위해서는 보다 더 '지속적'인 관계에 중점을 두고, '양방향적인' 소통을 위해 노력해야 한다. 그러한 관계가 교육 속에서 의미있게 살아 숨쉰다면 교육의 효과를 극대화시킬 수 있다.

2. 교육공동체(유아, 교사, 부모, 지역사회)

○ 인간의 발달을 생태학적 관점에서 바라 본 브론펜브레너(Bronfenbrenner)는 발달은 인간이 자신의 환경을 지각하고 다루는 방식을 지속적으로 변화시켜 나가

는 것이라고 정의하였다. 브론펜브레너는 생태학적 환경을 미시체계, 중간체계, 외체계, 거시체계, 그리고 시간체계 등 5가지의 체계로 설명하였는데, 이것는 유아를 둘러싸고 있는 직접적 환경으로부터 유아가 살고 있는 문화적 환경까지 모두 포함한 것이다(조운주, 최일선, 2020, 재인용).

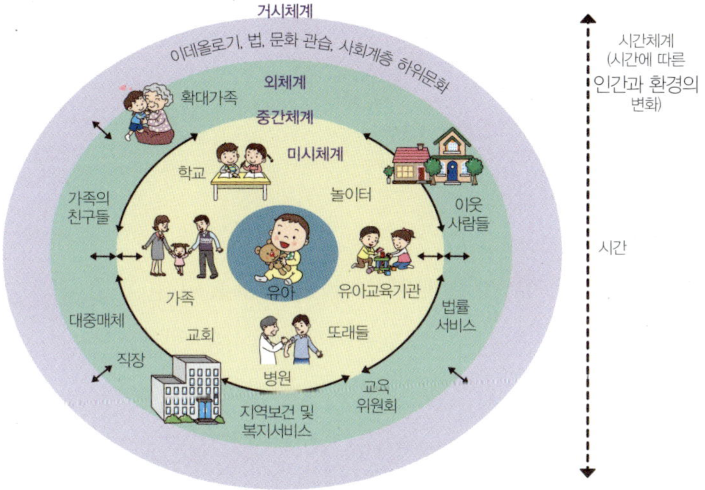

[그림1] 인간발달의 생태학적 체계모델

*출처 : Shaffer(1999)에 기초한 조운주, 최일선(2020, p.43)

○ 영유아는 세상을 관계의 환경으로 경험하며, 이러한 관계들은 영유아 발달의 모든 측면에 영향을 미치는 동시에 그 영향이 평생에 걸쳐 지속된다(NSCDC, 2004). 인간관계는 건강한 발달을 위한 초석이며, 영유아는 스스로의 발달과 학습에 능동적인 참여자이다(NRCIM. 2000).

○ 유아교육을 단순히 가르치기를 행하는 것이 아닌 "인적 자원들 간의 관계에 기초한 공동체 속에서 진화하고 변형하는"(김은희 외, 2007)것이라는 관점으로 볼 때, 유아가 관계를 맺는 모든 인적자원들은 유아의 지식 구성에 도움을 주는 공동체이며, 이러한 공동체 속에서의 소통과 협력은 매우 중요하며 좀 더 적극적으로 일어나야 한다.

1) 유아

○ 관계(relationship)는 영유아가 배워야 할 'the first R'이다. 영유아의 삶, 학습, 웰빙에 있어서 관계의 중요성이 대두됨에 따라 이론, 실제, 연구, 정책 등에서의 관심도 증가하고 있다. 관계란 상호작용, 행동, 사고, 이해 등 인간이 의미를 부여하는 것들의 복합적인 시스템이므로 시간과 노력이 필요하다. 또한 관계는 영유아에게 사회화의 기회와 주고받기(give and take)의 연습을 가능하게 한다. 또래 및 성인과의 관계는 협력과 참여를 가능하게 하고, 신뢰와 안정감을 제공한다(Degortardi & Pearson, 2014).

○ 유아는 서로에게서 많은 것을 배운다. 유아들은 서로 공유하고, 상호호혜적인 상호작용에 참여하고, 다른 사람의 필요와 원하는 것을 고려하고, 자신의 충동을 조절하는 것을 배운다. 유아들의 성향도 또래와의 상호작용 방식에 영향을 미치는데, 어떠한 성향이 좋고 나쁘다기 보다는 다양성으로 보는 것이 적절할 것이다(NSCDC, 2004). 유아간의 상호작용, 적극적인 소통과 협력은 교사의 역량에 달려 있다. 유아에게 어떠한 인적, 물적 환경을 마련해 주느냐에 따라 유아간의 상호작용은 좀 더 잘 발휘될 수도 있고 그렇지 못할 수도 있다.

○ 유아와 교사간의 관계도 중요하다. 교사와 함께 따뜻하고 긍정적인 관계를 형

성한 유아는 학습에 더욱 흥미가 있고, 유치원(어린이집)에 오는 것을 더 즐기며, 자아존중감이 높고, 더 많은 것을 성취할 수 있다. 교사와의 긍정적인 관계는 유아의 초기 적응을 도와 아동기에 사회적 역량이 높고, 문제행동을 덜 일으키며, 높은 사고 및 추론 능력을 갖게 되는 등의 중요 역량 발달에 영향을 미친다(NSCDC, 2004).

○ Wood(2013)는 유아들의 놀이에서 교사가 유연한 계획자, 민감한 관찰자, 훌륭한 경청자, 훌륭한 의사소통자, 민감한 공동놀이자 등의 역할을 해야 한다고 하였다(이화여자대학교 사범대학 부속이화유치원 편, 2021). 사실 훌륭한 의사소통자가 되기 위해서는 먼저 유아들을 잘 관찰하고 유아들의 이야기에 귀 기울이는 것이 무엇보다 중요하다. 그러기 위해서는 우선 교사의 구체적인 놀이 관찰과 전문적 분석이 필요하다. 관찰을 통해 유아들의 놀이상황을 잘 파악하고, 유아들이 필요로 하는 놀이자료나 놀이공간 등을 제공해 주며, 놀이 속에서 함께 어울려 노는 공동놀이자가 되어야 한다. 또한 유아의 의견을 좀 더 적극적으로 경청하고 진심으로 공감할 수 있는 자세가 필요하다. 유아의 의견이나 생각에는 분명 의미가 있음을 알고, 보다 적극적으로 유아의 의견을 경청하는 것이 중요하다. 또한 유아의 감정이나 느낌에 대해서도 유아의 입장에서 느껴 보고 이해하려는 태도를 가져야 한다.

○ 유아가 또래, 교사, 부모, 더 나아가 지역사회와 관계맺음을 할 때 교사는 이를 잘 도와 진정한 소통이 이루어지고 긍정적인 배움의 단계에 이르도록 지원해야 한다.

2) 교사

○ 유아교육과 보육의 '질'이 종종 유아 대 교사 비율, 집단 크기, 물리적 환경, 교육과정 등으로 정의되지만, '관계'의 중요성을 고려한다면 앞에 언급된 가시적

이고 구조적인 것들보다 유능하고 전문성 있는 교사를 선발하고 유지하는 것이 더 효과적이다(NSCDC, 2004).

○ 교사 개인도 교사로서의 유능함과 전문성을 키우기 위해 노력하고 있지만, 교육부와 보건복지부에서도 교사들이 협력과 소통을 통해 함께 성장해 나갈 수 있도록 다양한 형태의 교사 협력공동체를 지원하고 있다(교육부, 2020). 2019 개정 누리과정에서는 교사가 자율성과 다양성을 기반으로, 상황에 따라 적절한 교육적 판단을 통하여 유아의 성장을 돕고 지원해야 함을 강조하고 있다. 교사들 간의 협력은 함께 의견을 교류하며 교육목표에 대한 성찰과 다양한 교수방법에 대한 탐색을 촉진함으로써 교사 개개인의 전문성 신장 및 영유아의 교육의 질 향상에 도움을 준다.

○ 현재 시도교육청별로 '교사학습공동체'가 운영되고 있으며, 다양한 용어가 혼용되고 있다. '교사학습공동체'는 교직원의 동료성을 강화하여 협력적인 연구와 실천과정을 통해 함께 성장하는 학습공동체로서의 조직을 의미한다. 개정 누리과정에서는 유아의 놀이를 읽어내고 지원할 수 있는 교사의 역할이 특히 중요해진 만큼 교사의 전문성 신장을 지원하는 협력적 조직문화 조성이 더욱 필요하다(교육부, 2020).

○ 사실 교사들의 학습공동체는 오래전부터 존재해왔다. 최근에 교육청에서 주관하는 것과 같은 공식적인 형태를 갖추고 있지는 않았지만, 교사들은 늘 교육운영과 유아들의 일상생활 지도에 대한 고민이 많았기에 동료 교사들과 함께 그 고민을 나누고 어려움을 해결하고자 노력해왔다. 몇가지 예를 제시하면 다음과 같다.

■ 원내 자율장학

기존의 장학 유형에 부담을 느낀 교사들이 원내에서 자율적으로 시작하게 된

장학형태이다. 교실운영, 수업, 유아의 문제행동 등에 대해서 서로 심도있게 논의하고 바람직한 교수방법 및 문제해결 방안을 공유함으로써 교사로서의 유능감을 향상시키기 위해 실시되고 있다. 한 교육기관 내에는 고경력 교사와 저경력 교사가 함께 있으므로 서로에게 유익한 공동체로서의 조건을 갖추고 있으며, 정서적 지원까지 나눌 수 있는 긍정적인 면이 있다. 이러한 원내 자율장학의 형태가 교사학습공동체 초기 유형이라고 볼 수 있다.

■ 누리지원단-누리새내기 맞춤형 수업 나눔

서울특별시교육청(2022)에서 실시하고 있는 수업나눔은 소통과 성장 중심의 맞춤형 수업 나눔으로, 누리지원단(고경력교사)과 누리새내기(저경력교사)로 구성되며, 누리새내기의 요구에 따른 맞춤형 수업 나눔을 진행한다. 누리지원단(고경력교사)은 수업 노하우를 전수하고, 누리새내기(저경력교사)는 수업에 대한 성찰과 함께 개선을 목적으로 한다.

■ 교원학습공동체

서울시특별시교육청(2022)에서 실시하고 있는 교원학습공동체는 공동연구, 공동실천, 나눔으로 유치원 교육과정을 개선하고 교원의 전문성 신장을 목표로 하며, 운영방법은 다음과 같다.

교원학습체 구성
- 교원들의 비전공유 및 자발성, 동료성, 전문성을 바탕으로 조직
- 교육활동 중심 주제 선정 및 계획 수립

➡

활동진행
- **공동연구, 공동실천, 나눔 일상화 및 지속 운영**
  - 주제관련 연구활동 전개
  - 교육활동의 구안, 실천, 나눔

➡

나눔(성찰과 공유)
- 활동결과 정리 및 평가
- 교원학습공동체 운영 성과 나눔

○ 교사학습공동체는 교육기관 현장의 문제를 함께 고민하고 협력하며 해결해 나가는 과정을 통해 학습공동체의 구성원인 교사뿐만 아니라 유아도 함께 성장할 수 있다는 점에서 중요한 가치가 있다. 그러나 교사들이 공동체를 위한 시간을 따로 내기 힘들고, 공동체가 구성되었다 하더라도 자발적이고 적극적인 협력이 이루어지기 어려우며, 교육청에서 주관하는 교원학습공동체의 경우 구체적인 결과물을 도출해내어야 한다는 부담감이 있다.

○ 기관내 학습공동체의 경우, 외부에서 따로 모이는 시간을 절약할 수 있고, 유치원 상황을 서로 잘 알고 있어서 공감대 형성이 쉬우며, 어려움에 처한 상황을 즉시 의논할 수 있다는 장점이 있는 반면, 서로 친한 사이이다 보니 솔직한 비판이 어려우며 선배교사의 말이 더 권위를 갖게 되어 경력이 낮은 교사들이 목소리를 잘 낼 수 없다는 단점도 있다(진다정, 이승연, 2021). 기관밖 학습공동체의 경우, 시간을 내어 외부에서 만나야 하고 각 기관의 구체적인 상황은 서로 잘 모르지만, 어느 정도 익명성이 보장되고 누구나 공평하게 목소리를 낼 수 있으며 다른 기관의 상황으로부터 얻게 되는 유익한 정보가 있을 수 있다.

○ 더 나은 교육을 위한 교사들의 노력은 꾸준히 계속되고 있다. 시대나 상황에 따라 여러 형태로 변화하면서도 서로 소통하고 협력하는 모습을 보여준다. 만일 교사 자신이 타인과의 관계 형성에 어려움을 느낀다면, 교육 진행 속에서 다양한 교육주체들과의 자유로운 소통과 협력은 기대하기 어렵다. 교사는 여러 교육 주체들이 서로 관계를 맺을 수 있도록 하는 가장 중요한 역할을 하고 있기 때문이다. 따라서 교육공동체에 대한 교사의 지각과 의지가 교육운영에 있어 가장 중요한 부분이라고 할 수 있다.

3) 부모

○ 1990년대 중반부터 미국에서는 부모참여의 효과에 관한 많은 연구들이 이루어져 왔고, 이러한 연구들을 통해 부모참여가 자녀의 성공적인 학교생활에 필수적이라는 것이 입증되어 왔다(방유선, 2016). 부모가 자녀의 교육에 보다 많은 관심을 보이고 적극적으로 참여하는 경우, 자녀와 부모, 부모와 교사의 관계에도 긍정적인 영향을 미친다. 특히 영유아들이 어리기 때문에 가장 첫 교육기관인 어린이집이나 유치원에서의 부모의 역할과 참여는 매우 중요한 요소이다.

○ 부모와 교사의 관계맺음은 생각처럼 쉽지 않다. 각각 고유한 역할과 입장이 있기 때문에 이러한 역할과 입장을 서로 잘 이해하고 협력하지 않으면 효율적인 부모-교사 관계는 이루어지기 어렵다. 교사들이 부모와 관계맺기를 두려워 하는 것도 이러한 입장 차이를 좁히기 어려운 부분이 있기 때문인 것으로 보인다. 부모와 교사 간에는 상대방에 대한 깊은 신뢰와 존중이 기본 바탕이 되어야 한다. 신뢰와 존중이 있는 관계에서 진정한 소통이 가능하고, 유아를 위한 협력적 목표 달성을 이룰 수 있기 때문이다.

○ Epstein(1995)은 부모가 교육기관과 관련하여 해야 할 역할을 첫째, 가정에서 자녀 양육하기, 둘째, 학교와 가정 간에 의사소통하기, 셋째, 자원봉사하기, 넷째, 가정에서 자녀의 학습지원하기, 다섯째, 의사결정자로 참여하기, 여섯째, 지역사회와 협력하기의 여섯가지 유형으로 나누어 제안하면서 다양한 형태와 방식으로의 접근이 필요함을 강조하였다. 또한 어떤 관점에서 어떻게 가정과 기관과 지역사회가 파트너쉽을 형성하느냐도 중요하다고 주장하였다. 단순히 교육기관이 부모의 요구를 반영해주거나 부모가 교육기관에서 제공하는 프로그램에 참여하는 차원으로 이루어지는 제한적 협조가 아닌 동반자적 관계에서 서로를 존중하고 상호 소통하는 차원으로의 가정-기관 연계와 협력이 필요하다는 것이다. 여기서 '동반자적 관계'란 유아를 중심으로 서로의 관심과 책임을 나누고 유아들을 위한 보다 나은 프로그램과 교육의 기회를 제공하기 위해

함께 노력하는 관계를 의미한다(방유선, 2016).

○ 교사와 부모가 동반자적인 관계에서 서로 협력하려면 지속적인 관계맺음이 필요하다. 일회성의 프로그램이나 일방적인 전달보다는 함께 소통하고 협력하며 지속적으로 만들어나가는 과정이 중요하다. 때로는 부모의 역할이 좀 더 클 수 있고, 때로는 교사의 역할이 좀 더 클 수도 있다. 이러한 과정 속에서 부모와 교사는 유아들의 교육에 도움이 되고 좋은 결과를 이끌어내기 위해 끊임없이 소통하고 협력해야 한다.

○ 현재 우리나라 유아교육기관에서 주로 실행되고 있는 부모 관련 프로그램은 유치원(어린이집) 교육에 대한 안내 프로그램, 유치원(어린이집)의 교육과정에 대한 이해를 돕기 위한 프로그램, 부모가 자녀를 좀 더 잘 이해하고 교육할 수 있도록 돕기 위한 프로그램, 부모가 유치원(어린이집) 운영에 직접 참여하는 프로그램 등으로 구분할 수 있다.

○ 유아교육기관 뿐만 아니라 각 교육청에서도 부모의 역량을 강화하여 유아의 교육에 함께 할 수 있도록 하는 다양한 프로그램을 구성하여 지원하고 있다(예: 학부모 연수지원, 학부모 대상 유아교육 관련 웹툰 또는 영상 활용 등). 또한 각 지자체에서도 어린이집의 부모참여 확대를 위한 다양한 노력을 하고 있는데, 지자체마다 명칭은 다르나 부모의 참여를 유도하여 함께 하는 보육환경 조성을 지향함이 공통점이다(예: '열린어린이집의 날' 지정, '공공형 어린이집 개방의 날' 운영 등)

○ 부모참여를 확대하기 위해서는 부모의 요구를 반영한 다양한 유형의 참여 기회를 마련하고, 부모 참여의 긍정적 효과에 대한 교사와 부모간의 공감대 형성이 필요하다. 또한 교사-부모, 부모-부모 간의 공식적 · 비공식적 네트워크를 구축하여 소통의 기회를 넓히도록 해야 한다.

○ 부모는 유아, 교사, 지역사회와 함께 협력하고 소통해야 하는 중요한 존재이다.

유아교육의 특성상 유아들의 교육활동은 가정으로 이어지고, 가정에서 유아교육기관으로, 다시 지역사회로 이동할 수 있다. 부모는 유아의 교육활동을 잘 이해하여 이러한 모든 주체와의 관계맺음이 잘 이루어질 수 있도록 노력해야 한다.

4) 지역사회

○ 지역사회는 시간적 전통과 공간적 개념뿐만 아니라 어른과 또래 등 인간적 요소를 포함하는 포괄적 개념(한용진 외, 2017)으로, 공동의 규칙이나 관습, 공동체 의식, 공통의 관심사를 바탕으로 유기적 상호작용이 이루어지기 때문에 유아의 지식과 사회성 형성과정에 중요한 요인(서희전, 김혜정, 2018)으로 작용한다. 유아의 일상생활과 직접적 연관성을 가지는 다양한 교육활동이 가능한 공간이며, 내용 선정에 있어서도 유아의 흥미와 관심을 반영할 수 있는 곳이다. 또한 유아교육기관은 상위의 학교기관보다 교육과정 특성 상 지역사회와의 연계가 수월하며, 다양한 방식으로의 접근도 가능하다.

○ Gestwicki(2009)는 지역사회의 자원을 그 특성에 따라 자연적 자원, 인적 자원, 물적 자원, 문화적 자원으로 구분(김지은, 엄정애, 2014)하였다. OECD(2012)는 지역사회 참여를 유아교육 · 보육 서비스 관련 지역사회 구성원간의 공식적 · 비공식적 관계로 정의하고, 지역사회 범위에 이웃, 비정부기구, 종교단체, 사립재단, 사회적 서비스나 의료적 서비스 같은 유아의 발달을 강조하는 서비스가 포함(권미경, 2016)된다고 보았다.

○ 국내 · 외의 연구결과들(지옥정, 2013; Davis, 2010; Phillips, 2014)을 보면, 유아들이 능동적으로 지역사회 내 다양한 주체들과 협력할 때 유아들의 문제해결력이 향상되고 지역사회에 대한 책임 의식이 증진되는 효과가 있다고 보고되고 있다(지옥정, 2014에서 재인용). 또한 유아교육기관과 지역사회의 연계활동은 지역사회의 인적 자원들이 유아교육기관에 대한 생각을 새롭게 하게 함으로써

유아들의 든든한 교육동반자로 변화하게 할 수도 있다.

○ 교육부와 보건복지부에서는 개정 누리과정이 시행되기 이전부터 지역사회 참여를 강조하였고, 지역사회 연계 활성화를 위하여 다양한 교사교육을 시행하였다. 2019 개정 누리과정(2019)에서도 지역사회는 유아의 다양한 경험을 지원하는 풍부한 자원이므로, 유치원과 어린이집에서는 유아들이 지역사회의 여러기관이나 장소를 직접 경험하면서 지역사회에 관심을 가질 수 있도록 지원해야 한다고 강조하였다.

○ 육아정책연구소의 연구결과(권미경, 2016)에 의하면, 지역사회 연계활동의 구성은 교육·보육의 운영에 도움되는 정도, 유아의 선호도, 지역사회자원의 현황 등을 고려하여 이루어지며, 지역사회 연계활동을 하기 어려운 이유로는 참고할 수 있는 자료의 부족, 연계 추진을 위한 지역사회 내의 자원 부족, 지역사회 연계 관련 정부지원의 부족 등을 꼽고 있다. 현재 유아교육기관에서 시행되고 있는 대부분의 연계 활동들은 지역자원 활용교육으로 국한되어 유아가 수동적인 측면이 있고, 단순 방문이나 일회성 체험이 대부분이므로 지속적인 프로그램을 구성하여 교육의 효과를 충분히 끌어내는 것이 필요하다.

○ 지역사회 교육 네트워크에 대한 우리나라 교사들의 인식은 매우 높은데 비해, 시행 수준은 상대적으로 낮은 것으로 나타났다(서희전, 김혜정, 2018). 앞서 설명한 바와 같이 누리과정에서 지역사회와의 연계를 강조하고 있고, 유치원과 어린이집 평가에서 지역사회와의 연계를 평가하므로, 교사들은 지역사회 연계의 필요성을 느끼고 있으나 현실적으로는 지역사회 연계 활동의 수행에 있어 어려움을 겪고 있는 것이다.

○ 다양한 지역사회 네트워크 사업이 지속적으로 진행되어 왔다. 예를 들면, '유아교육 협력 네트워크'는 거점 유치원을 중심으로 지역교육청 내의 인근에 위치한 5~10개 내외의 공·사립 유치원이 네트워크를 구성하여 협력하는 형태이

고, 2009년부터 2014년까지 진행된 '영차프로젝트'는 유아교육과 보육 협력 네트워크로, 교사 · 부모 · 유아 · 지원체계 간의 협력 프로젝트였다.

○ 각 지자체에서도 지역사회가 학교와 협력하기 위한 다양한 프로젝트 사업을 진행하고 있다. 다음은 서울시의 사례이다.

■ **마을과 학교 상생프로젝트(마을배움터)**

– 교사와 학부모, 지역의 교육단체 및 주민 모임들이 연계하여 마을과 학교가 함께 아이들을 키우는 통합적인 돌봄을 제공하는 사업이다(서울시마을공동체 종합지원센터, 2015). 마을학교는 삶의 공동체를 구성하는 생태환경, 경제, 문화(주민활동) 등과 함께 일상의 영역이고, 배움에 대한 개념은 물론 일상과 관계 맺기를 배움으로써 실제적 삶에 다가가는 공동체 학교이다.

– 마을과 학교 프로젝트는 두가지 유형으로 ① '학교에서 마을' 유형은 준비된 학교의 역량으로 함께 할 마을 역량을 발굴 · 추진하고, ② '마을에서 학교' 유형은 준비된 마을의 역량으로 함께 할 학교를 발굴하여 추진하는 형태이다.

○ 지역사회와의 연계가 좀 더 활성화되기 위해서는 교육기관과 지역사회가 두 주체간의 연계에 대한 필요성을 좀 더 확실히 인식하고 충분한 동기부여가 되어야 하며, 우수한 사례 공유 기회 제공, 자원정보의 허브 구축, 지역사회 자원 활용을 위한 교사역량 강화, 지역사회 내 유사기관 또는 초등학교와의 연계 구축, 전문가로부터의 컨설팅 등이 필요할 것으로 보인다.

앞서 살펴 본 4개의 교육주체(유아, 교사, 부모, 지역사회)는 유아들의 교육 속에 생명력있게 유기적으로 작동해야 의미가 있다. 유기적으로 작동한다는 의미는 유아들의 놀이 흐름 속에서 유아, 교사, 부모, 지역사회가 서로 자연스럽게 연결되고 공동의 목표를 위해 끊임없이 소통하고 협력한다는 것이다.

3. 교육공동체가 함께 하는 교육과정

본 서에서는 유아, 교사, 부모, 지역사회의 교육공동체가 유기적으로 잘 연계되는 사례로 인성교육, 독서교육, 생태전환교육을 소개하고자 한다. 유아교육기관에서 진행되는 많은 교육활동 중 이 세 가지 교육활동을 선정한 이유는 [2022 서울유아교육계획](서울특별시교육청, 2022)에서 다음과 같이 주요 교육과정을 제시하고 있기 때문이다.

1. 유아 · 놀이 중심 2019 개정 누리과정
2. 인성교육
3. 생태전환교육
4. 원격수업
5. 현장체험학습
6. 교육과정 편성 · 운영의 기타사항
   - 독서교육, 과학 · 정보화교육, 경제교육, 문화 · 예술 · 체육교육, 역사교육, 다문화이해교육, 연계교육

[2022 서울유아교육계획]에 제시된 세 가지 교육활동의 주요 운영 방향을 간단히 정리해보면 다음과 같다.

■ 인성교육

유아기 인성의 기초를 형성하기 위하여 유치원 특색을 살린 체험 · 실천 중심의 인성교육을 계획한다. 기본생활습관 및 배려, 존중, 소통, 협력 등 핵심가치 실현을 통해 민주시민교육을 실시하고, 가정 및 마을의 참여와 협력으로 연계체계를 구축하여 함께 인성교육을 활성화시킨다.

■ 생태전환교육

기후위기에 대응하고 지속가능한 미래를 위해 행동하는 생태시민의 기초 역량을 함양하기 위하여 유치원 및 지역사회의 인적 · 물적 자원을 적극 활용한 생태전환교육을 계획한다. 지역사회의 공원이나 유아숲 체험을 통하여 자연친화적 태도를 형성하고 유치원의 텃밭 또는 자투리 공간을 활용한 일상생활 속 생태전환교육을 실시한다. 또한 유아들이 실천할 수 있는 다양한 활동들을 통해 저탄소 친환경 유치원 문화를 조성한다.

■ 독서교육

유아의 발달수준과 흥미, 유치원의 특성을 고려한 다양한 방법의 독서교육을 계획한다. 교사, 또래, 다른 연령간 유아와의 즐거운 독서 경험을 제공하고 유치원별 여건에 맞는 독서환경을 구비하여 독서교육을 실시한다. 가정 및 지역사회와 연계한 독서교육을 생활화하기 위하여 가정으로 도서를 대여해 주고, 공공도서관 등 지역사회의 다양한 도서관을 활용한다.

유아, 교사, 부모, 지역사회가 하나의 교육공동체가 되어 활동의 흐름 속에서 자연스럽게 각자의 역할을 담당하고, 교육목표 달성을 위해 함께 협력하는 과정은 제3장에서 자세히 소개하기로 한다.

Ⅱ. 소통과 협력을 통한 교육과정 운영

우리는 상호의존적인 세계에 살고 있고, 그 세계에서 우리 아이들은 보고, 듣고, 느끼고, 배우며 살아간다. 따라서 유치원 교육과정에서도 주변 세계와의 관계 맺기를 위한 적극적인 소통과 협력을 통한 긴밀한 교류를 강조하고 있으며 유아들은 또래나 교사, 가족뿐 아니라 지역사회, 보다 넓은 사회와의 소통과 협력을 기본으로 한 상호 관계 및 교류를 통해 성장해 나갈 수 있다.

소통과 협력을 통한 교육과정이 어떤 거창한 계획이나 특별한 내용을 담고 있는 것은 아니다. 유아, 교사, 가정, 지역사회가 교육과정의 주체임을 느끼고 참여할 수 있도록 교육과정 운영에 소통과 협력을 기반으로 한 다양한 여건을 조성하여 제공하는 것이다. 본 장에서는 소통과 협력을 기반으로 한 교육과정 운영을 위해 어떠한 여건을 제공하여 계획할 수 있는지 명지전문대학 유치원교육과정(명지전문대학 부속 명지유치원, 2015)과 명지전문대학 부속 명지유치원의 현장 사례를 통해 구체적으로 소개하고자 한다. 이를 통해 현장의 교사들이 소통과 협력에 대한 이해를 바탕으로 유아와 교사, 가정, 지역사회 등 모두가 교육과정의 주체로서 함께 만들어 가는 교육과정에 대한 이해의 폭을 넓히고, 각 기관에 적합한 소통과 협력의 방향과 구체적인 방법을 고찰해 보는데 도움이 되고자 한다.

1. 소통과 협력의 사회적 교류를 강조하는 교육과정 운영 계획

유치원의 교육과정 운영 계획은 국가 수준의 유치원 교육과정과 시 · 도 교육청 및 지역 교육지원청의 유치원 교육과정 편성 · 운영 지침에 의거하여, 단위유치원의 실정에 맞고 유치원의 특색이 잘 나타날 수 있도록 계획한다. 즉, 유치원 교육과정 운영 계획은 국가수준의 공통성과 지역 및 유치원, 개인수준의 다양성과 자율성을 동시에 추구하고 있다. 이러한 국가수준의 교육과정과 지역수준의 교육과정에서는 특히 소통과 협력을 강조하고 있다. 다른 사람과 협력하며 소통하는 방법을 경험할 수 있는 기회를 제공하여 유아 스스로가 적극적으로 소통하고 협력하는 기초 능력을 키워나갈 수 있도록 할 뿐 아니라, 유아가 속해 있는 가정, 기관, 지역사회 모두가 교육 주체가 되어 유아들이 안전하고 건강한 환경에서 경험하고 성장할 수 있도록 공동체 전체가 기회를 제공하고 소통과 협력을 통한 긍정적인 교류를 바탕으로 하여 교육과정 운영을 위한 계획을 세워야 한다.

2. 소통과 협력의 실천을 위한 여건 조성

소통과 협력을 기반으로 하는 교육과정의 성공적인 운영을 위해서는 교육과정의 주체로서 유아, 유아가 속해 있는 가정과 유아교육기관, 그리고 지역사회 등이 상호 연계하고 협력할 수 있는 다양한 측면에서의 여건 조성이 필요하다. 유아의 삶을 공유하고 관계를 유지하는 환경 및 상황을 제공하여야 하며, 교직원 간의 원활한 소통을 위한 문화가 조성되어야 한다. 또한 학부모와의 적극적인 협력체제를 구축하고, 지역사회와 다양한 연계를 통해 협력공동체를 형성할 수 있도록 노력해야 한다. 이를 위해 단위유치원(어린이집)의 교육 목표와 비전, 특성 등을 고려하여 각각의 교육 주체와 다양한 교육 연계 방안을 모색해야 한다.

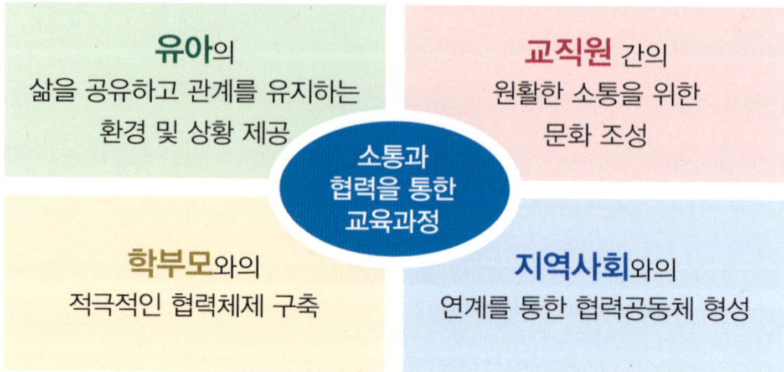

소통과 협력의 실천을 위한 여건 조성

1) 유아의 삶을 공유하고 관계를 유지하는 환경 및 상황 제공

본원의 교육과정에서는 유아의 원활한 의사소통을 매우 중요하게 여기므로, 학급 내 유아들끼리의 소통뿐만 아니라 다른 연령 유아들과의 원활한 소통을 위해 교육활동에서부터 공간적 배치의 문제까지 세심히 배려하고 있다. 유아들 간의 소통이 제대로 이루어진다는 것은 유아가 사회의 한 구성원으로서 기초능력을 익히고 유능감을 잘 발달시키고 있음을 의미하기도 한다. 특히 프로젝트 활동을 통해 유아와 유아, 교사와 유아 간의 적극적인 상호작용과 협동학습이 강조된다. 유아들은 관심 있는 공동의 놀이 주제를 진행해 나가면서 함께 생각하고 함께 토론하면서 서로의 생각을 교환하여 공감대를 형성하고, 점점 더 주제에 대해 깊이 있게 알게 되며, 서로를 격려하고 문제점을 해결해 나간다.

만 3~4세 학급을 혼합연령으로 구성하여 놀이와 일상생활, 또는 계획된 활동에 형님과 동생이 함께 참여하면서 상호 간의 교류를 촉진시켜 주고 있다. 또한 학급 간 교류가 자연스럽게 이루어질 수 있도록 만 3~4세 학급과 만 5세 학급을 옆 반에 배치하고 교실 간에는 커다란 유리창을 설치하였으며, 교실 사이에 테라스를 제공하고 화장실을 공유하도록 함으로써 일상생활 속에서 다른 사람의 삶에 관심을 가지고 소통할 수 있는 환경을 제공하고 있다. 만 5세 유아들은 자신들이 경험한 내용이나 지식을 옆 반의 동생들에게 알려주고 지원해 주면서 다른 교실에서 일어나는 여러 가지 상황, 관심사를 공유해 보는 기회를 갖는다. 또한 만 5세 유아들이 인근에 위치한 초등학교 3학년 학생들과 정기적이고 지속적인 교류를 맺는 경험을 갖게 해 준다. 즉, 만 3세와 만 4세 간, 만 3~4세와 만 5세 간, 만 5세와 초등학교 3학년 간에 자연스러운 교류와 소통이 일어날 수 있도록 교육과정을 운영한다. 또한 현관, 복도, 강당, 실외놀이터 등 공유공간에서도 학급 간 및 유아-교직원 간의 교류가 활발하게 일어날 수 있도록 운영하고 있으며, 특히 도서실을 유치원의 중앙, 햇빛이 잘 드는 넓은 공간에 배치하여 모든 학급의 교류가 활발히 일어날 수 있도록 하고 있다.

■ **환경 제공의 예**

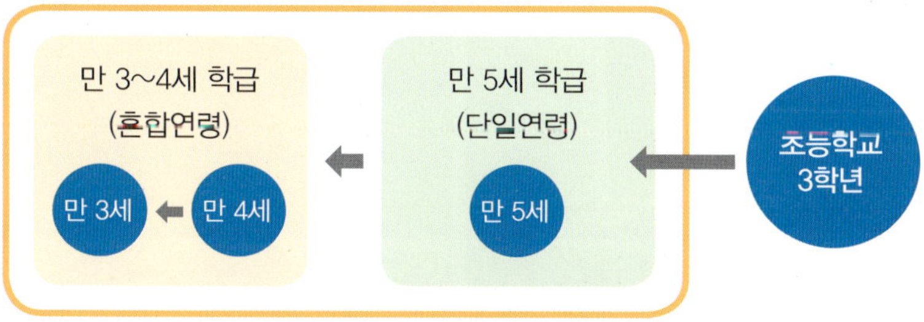

소통 · 사회적 교류를 강조한 학급 구성

물리적 환경 – 만 3~4세 학급과 만 5세 학급을 인접하게 배치

두 교실 사이에 벽 대신 유리창 설치

두 학급 사이에 함께 사용할 수 있는 삼각형 모양의 테라스(삼각당) 설치

만 3~4세 학급과 만 5세 학급이 화장실을 함께 사용

■ **상황 제공의 예**

같은 반 동생 돕기

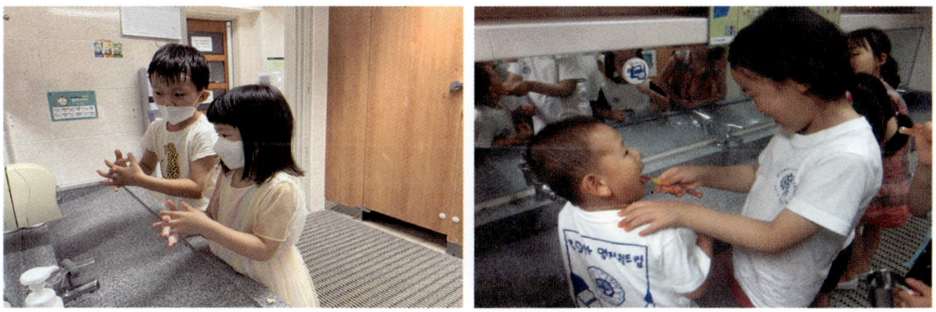

옆 반 동생들의 손씻기 · 양치 돕기

공연 초대

홍보활동을 위한 방문

두 학급이 함께 사용하는 화장실에서 생긴 문제상황 해결

– 화장실 사용 표시 ○× '들어가도 돼요. 들어가면 안돼요.'

유치원의 중앙에 위치한 도서실에서의 교류

– 동생에게 책 읽어주기 / 동생들을 위해 집에서 안 읽는 책 가지고 오기 /

도서실 벽면에 독후활동의 결과물 게시하여 공유하기

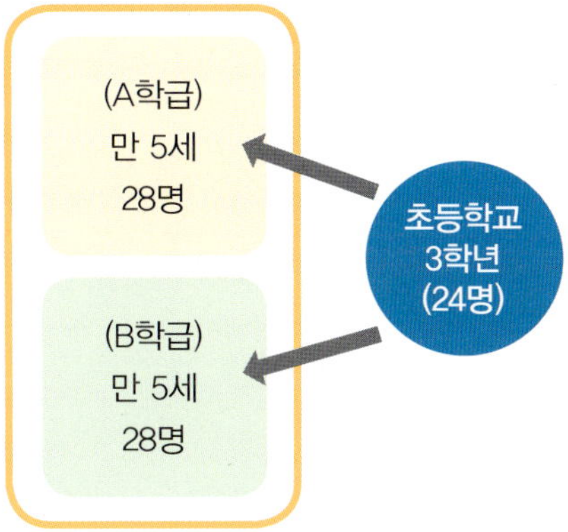

명지유치원 멘토링 명단

○○초등학교 3학년

1. 운영 목적 : 만 5세 어린이들의 정서 및 사회성 발달
2. 운영 기간
   가. 1학기 : 20○○.04.10. ~ 06.26 총 10회
   나. 2학기 : 20○○.09.04. ~ 11.20 총 10회
3. 참여 대상 어린이
   가. 초등학교 3학년 중 다른 사람을 잘 배려하고 품행이 단정한 어린이
   나. 리더십이 있는 어린이
4. 인원수 : 24명

순	학년 반	이 름	기타
1	3학년 1반	김 ○ ○	여
2	3학년 1반	김 ○ ○	여
3	3학년 1반	우 ○ ○	남
4	3학년 1반	임 ○ ○	여
5	3학년 2반	김 ○ ○	여
6	3학년 2반	김 ○ ○	남
7	3학년 2반	문 ○ ○	남
8	3학년 2반	박 ○ ○	여
9	3학년 2반	서 ○ ○	여
10	3학년 3반	김 ○ ○	남
11	3학년 3반	박 ○ ○	여
12	3학년 3반	이 ○ ○	여
13	3학년 3반	초 ○ ○	여
14	3학년 3반	최 ○ ○	여
15	3학년 3반	조 ○ ○	여
16	3학년 4반	노 ○ ○	여
17	3학년 4반	박 ○ ○	여
18	3학년 4반	안 ○ ○	여
19	3학년 4반	홍 ○ ○	여
20	3학년 5반	김 ○ ○	여
21	3학년 5반	신 ○ ○	여
22	3학년 5반	유 ○ ○	여
23	3학년 5반	이 ○ ○	여
24	3학년 5반	황 ○ ○	여
인원수		24명	

3-1	4명	3-3	6명	3-5	5명
3-2	5명	3-4	4명	총인원수	24명

초등학교와 연계한 멘토링 프로그램
– 멘토(초등학교 3학년) 24명이 멘티(만 5세) 56명을 지원(멘티1인→멘토2~3인 지원)하며, 매주 수요일 오후에 1시간 30분 동안 초등연계를 위해 협의된 활동을 하며 함께 놀이함.

2) 교직원 간의 원활한 소통을 위한 문화 조성

모든 학급은 두 명의 담임이 팀을 이루어 운영하고 있으며 학급 내 교사뿐 아니라 연령별 학급 교사, 전체 교사, 전체 교직원들이 함께 공동의 문제를 협의하고 조정해 가는 시간을 가진다. 교육활동을 지원하는 각 부서의 실무자(원장, 원감, 교사, 행정실장, 영양사, 조리사, 통원버스 기사, 환경미화원 등)들은 함께 협조 사항을 공유하며, 필요에 따라 부서 간의 협의과정을 통해 다양한 측면에서 교육활동을 지원하고 있다. 교사 간, 교직원 간의 상호 협의를 통해 유아의 말에 귀 기울이고 들으며, 권위적이지 않은 학습의 파트너, 전문적이고자 노력하는 교직원으로 성장하도록 기관의 문화를 조성해 간다. 이를 위해 교육공동체가 참여, 소통, 협력을 기반으로 교육목표를 함께 수립하여 교육기관의 비전을 모든 구성원들이 공유하고 참여와 소통의 교육 자치를 실현해 나가기 위해 노력하고 있다.

교사들이 교수–학습능력을 향상시키고 상황에 적합한 방법과 절차와 기술을 적용하며, 전문가로서 확신을 가진 의사결정을 해나가기 위해서는 교육현장에서 직면하게 되는 상황 및 문제들에 대한 지속적인 분석과 반성의 자기연찬이 요구된다. 이를 효과적으로 지원하고 교사역량을 강화할 수 있도록 소통과 협력을 기반으로 하여 유치원 교사에게 필요한 지식을 바탕으로 교사의 성숙수준에 따라서 교사교육 프로그램 내용을 단계적 · 체계적으로 나누어 실시하고 있다. 또한 교육 후 교사가 자신의 현재 위치를 진단하고 앞으로 교수 · 기술적 측면의 자기 발전을 도모하는 데 도움을 주기 위한 수시 협의, 토론, 자기 평가 등의 방법을 사용하고 있다.

■ 소통과 협력을 통한 교사공동체의 멘토링 환경 조성

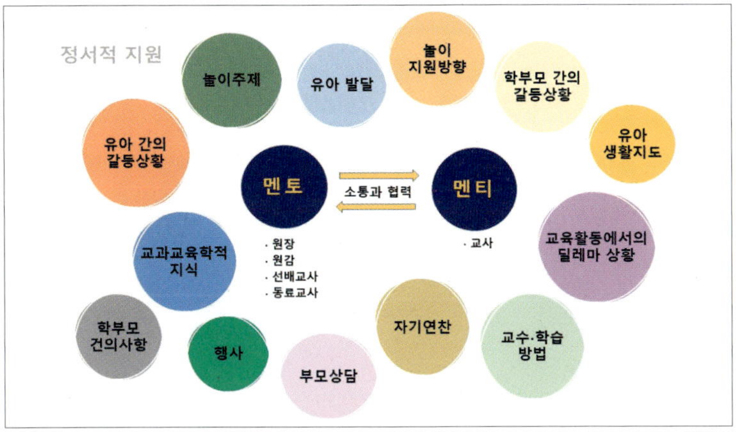

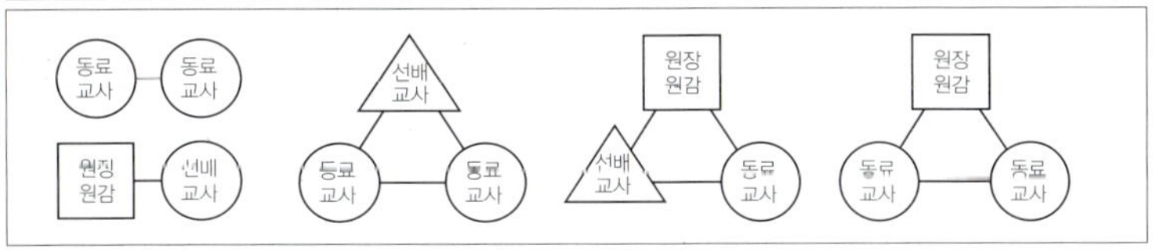

■ 교직원 회의

유형		시기	내용
전 교직원 회의	전 교직원 정기회의	매월 마지막 주 수요일	• 당월 진행사항 평가 및 익월 계획협의 • 교원 및 직원들이 함께하여 각 부서별 협조 사항 공유 – 원장, 원감, 교사, 행정실장, 영양사, 조리사, 통원버스 기사 등
	토론이 있는 교직원 회의	필요시	• 원의 비전 및 교육과정 방향 설정 • 학급 운영의 공동문제 • 자율 주제 등
교사회의	정기 교사회의	격주 수요일	• 교무 및 행정관련 업무 보고 • 주간 일정 보고 및 행사 평가 • 전달 연수 및 시기에 따른 교사지원–모의 상담, 모의 발표 등
	비정기 교사회의	수시	• 교육과정, 학급운영, 유아 · 부모 등에 대한 다양한 사안을 협의 • 우연히 발생한 문제, 시급한 전달사항 등을 협의
	스텐딩 회의	매일	• 함께 결정한 시간(수업 후 30분 이내)에 모여 공유해야 할 사항 등을 간단히 나눔
교육과정 회의		매주 목~금요일	• 교육과정에 대한 집중적인 토론

■ **원내 교사교육협의회를 통한 교사교육**

– 원장, 원감, 교사 등으로 이루어진 '명지 교사교육협의회'를 구성

– 교사들의 성숙수준(교육경력 별 4단계)에 따라 교사교육에 반영하고, 교사의 성숙수준이 동일해도 개별교사의 요구 및 관심 정도가 다른 것을 전제로 차별화된 교육내용 및 방법을 적용하여 진행

형태	영역	방법	내용
수업 장학	전문적 발달	• 임상장학 • 마이크로티칭 • 수업연구 • 초임교사 수업 관련 멘토링	• 연구수업의 수업관찰 전 협의단계, 수업 관찰 분석, 수업관찰 후 협의
동료 장학	전문적 발달 개인적 발달 조직적 발달	• 수업연구 • 학급운영 및 관리 • 원내 · 외 공동연구 및 교육청 등의 시범과제 추진 • 일대일 동료장학	• 전문서적 읽기 및 토론 • 수업사례 분석 • 유아이해, 유아관찰, 유아평가, 유아생활지도 • 학급의 공간 활용 및 배치 • 교재 · 교구 제작 및 활용, 교육 기자재 활용
자기 장학	전문적 발달	• 마이크로티칭 (자기수업 분석 연구) • 자기평가 및 수업 반성 • 일대일 과제 현장 연구 • 대학원 진학 등의 각종 자기 연찬 • 전문기관 방문	• 자기장학의 계획 수립, 실행 및 결과 협의 • 저널쓰기 • 전문서적 탐독 • 학회, 강연회 참석 • 교육부, 서울특별시교육청, 서부교육지원청, 유아교육진흥원 등 연수 참여
약식 장학	전문적 발달	• 학급 순시 • 수업참관	• 자연스러운 수업활동 관찰 및 학급 경영 활동 관찰 및 토론
수시 장학	전문적 발달 개인적 발달	• 대화 및 토론	• 일상에서 일어나는 일(교육과정, 유아, 학부모 등)에 대해 자유롭게 이야기 나누며 토론
자체 연수	전문적 발달 개인적 발달 조직적 발달	• 강연 • 토론 • 워크샵	• 국내 · 외 전문기관 방문, 전문가 초청 연수 • 교육청 및 학회 등의 연수 참여자가 미참여자를 위한 전달 연수

■ 교직원 회의의 예

전 교직원 정기회의

토론이 있는 교직원 회의

정기 교사회의

팀별 교육과정 회의

비정기 교육과정 회의

스텐딩 회의

다양한 협의과정

■ 원내 교사교육협의회를 통한 교사교육의 예

■ 교사들의 요청에 의한 연수의 예

교육과정과 연계하여 원하는 연수 주제 및 강사 신청 – 2019 개정 누리과정

수업에 직접적인 도움이 될 수 있는 체험형 연수 – 유아 신체활동

수업에 직접적인 도움이 될 수 있는 체험형 연수 – 숲해설가와 함께하는 숲체험

수업에 직접적인 도움이 될 수 있는 체험형 연수 – 전래놀이 연수

■ 일상에서의 정서적 · 전문적 지원의 예

	목적	내용
명친회	• 본원 소속 교원들의 친목과 정서적 지원	• 생일축하 • 경조사 • 다과 • 격려활동 – 선물, 체험 등 • 기부활동

명지유치원교사친목회 운영

함께 공유하고 싶은 도서 추천 및 나눔

그룹채팅으로 수업정보 공유 및 당일 체험 프로그램 합류

3) 학부모와의 적극적인 협력체제 구축

어린 연령을 교육대상으로 하는 유아교육기관은 다른 학교급 교사에 비해 학부모와의 소통 기회가 상대적으로 많을 수 밖에 없다. 유아들은 발달 특성상 자신의 상황을 표현하는데 한계가 있기에 학부모와의 소통은 반드시 필요하며, 이러한 소통을 통해 가정과 유치원(어린이집)은 협력의 과정을 거쳐 일관성 있는 교육의 연계가 가능하므로 최적의 유아발달과 교육적 성과를 거둘 수 있다.

본원의 교육과정에서는 교육의 효과를 높이기 위해 부모와 유치원(어린이집)이 상호협력적인 관계를 유지한다. 즉, 부모교육뿐 아니라 다양한 방법으로 유치원 교육활동에 참여 기회를 제공하여 부모들이 유치원교육과정 및 유아의 성장과 발달을 이해할 수 있도록 하고 교사와 부모가 유아에 대한 정보와 지식을 공유하기 위해 진솔하게 의사소통 하며 상호협력적인 체제를 구축함으로써 유아의 발달과 교육의 효과를 높인다.

부모에게는 유치원에서 유아의 놀이경험과 배움의 과정을 알려주고, 부모와 유아들이 공유할 수 있는 자료를 전시해 주어 부모가 유아의 경험을 새롭게 인식하고 호기심을 가짐으로써 유아들을 이해하고 유아의 관심사에 대해 많은 소통을 할 수 있도록 한다. 이를 통해 유아들은 자신의 부모가 유치원에서 일어났던 일과 앞으로 일어날 일에 대해 잘 알고 있다는 신뢰를 갖게 할 수 있다.

부모의 참여를 도모하기 위해서는 부모의 의견을 수렴하여 적극적으로 프로그램 운영에 반영한다. 입학설명회, 학부모 오리엔테이션을 통해 유치원을 이해할 수 있는 기회를 제공하고 강연, 부모훈련 프로그램, 부모상담 등을 통해 자녀교육을 지원한다. 부모재능기부, 수업참관, 수업사례공개, 놀이주제가 심화·확장된 행사 프로그램, 가정통신문(홈페이지, e알리미) 등을 통해 교육과정을 이해할 수 있도록 부모지원 프로그램을 운영하여 학부모와의 협력체제를 강화한다. 또한 유치원 운영에 대한 이해를 돕기 위해 유치원운영위원회를 구성하여 부모들과 함께 공동의 문제를 협의하여 유치원 운영을 결정하고, 그 외 변화하는 국가 교육정책 및 제도를 부모들에게 알리고 홍보하며, 그 내용을 기록·공지하여 전체 부모들에게 알림으로써 유치원 전반적인 운영 및 국가 시책에 대한 이해를 돕는다. 또한 행사를 포함한 교육과정에 대한 부모의 평가 및 의견을 교육과정에 반영하여 부모들이 교육의 주체자임을 느낄 수 있도록 한다.

■ **부모교육 및 지원 프로그램**

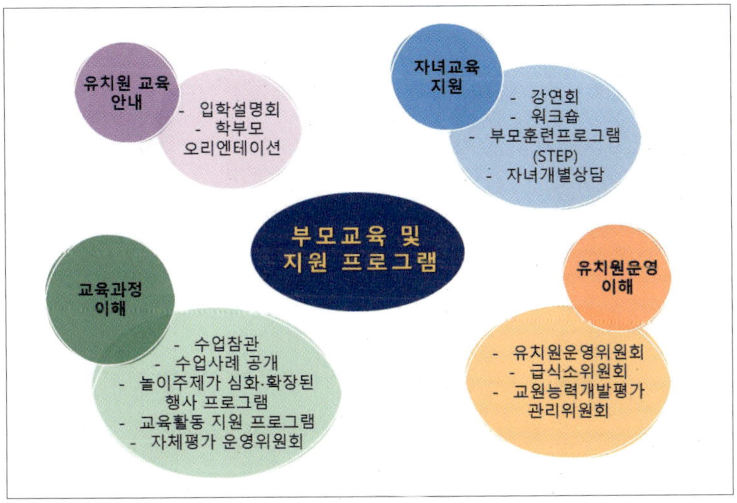

■ **부모교육 및 지원 프로그램의 예**

자녀교육 지원 중 '부모훈련프로그램(STEP)'

행복사랑빵집 – 놀이에 필요한 빵봉투 만들기, 쿠키 주문(배달)에 부모님 참여 ⇒ 빵가게 놀이 지원

공룡놀이 – 박스로 만든 구조물 사진 꾸미기에 부모님 참여 ⇒ 공룡책 만들기에 반영

우리 함께 해요! 환경지킴이! – 빗물저금통 만들기에 부모님 참여 ⇒ 유아들의 환경보호 활동에 활용

교육과정 이해 중 '교육활동 지원'

– 자유놀이 → 가정 연계 및 학부모 참여 → 놀이에 반영하여 놀이 심화 · 확장

학부모 직장 방문
- 초등학교 사서

학부모 직장 방문
- 방송국 PD

학부모 직장 방문
- 미용실 헤어디자이너

재능기부
- 베트남 요리 수업

재능기부 - 산타행사 진행

교육과정 이해 중 '교육활동 지원프로그램 참여'

운영위원회 직후 각 학급의 학부모 대표가 수합한 건의사항 · 공유사항 등에 대해 협의
⇒ 당일 스텐딩회의를 통해 담임교사들과 공유
⇒ 대안이 필요한 사항은 협의 후 각 학급 학부모 대표에게 개별적으로 전달

운치원운영 이해 · 교육과정 이해 관련의 예

학부모와의 소통 및 의견 반영 절차

학부모의 의견 반영을 위한 소통 방안 모색

↓

유치원운영위원회 연계를 통한
학급별 대표 학부모와의 소통 및 의견 공유 창구 마련

↓

<정기적인 소통 및 의견 공유>
- **운영위원회 회의 직후, 각 학급의 학부모 대표 모임**

① (원감) 각 학급의 대표 학부모께 운영위원회 개최 공고를 위한 메일 발송 시, 각 반의 학부모 의견(건의사항, 칭찬, 기타의견) 수합 안내
② (학부모 대표) 카카오톡, 네이버 '밴드' 등의 SNS를 통해 각 학급의 의견 수합
③ 운영위원회 회의 직후, 각 학급의 의견을 학부모 대표가 전달
④ 의견에 대한 대안을 협의하고 그 결과를 학부모 대표가 각 학급에 공지

<비정기적인 소통 및 의견 공유>
- **각 학급에 의견이 생길 때마다 수시로 전달**

① 각 학급에서 의견이 생길 때마다 학부모 대표가 의견을 수합하여 원감에게 전달함
② 의견에 대해 협의 후 학부모 대표에게 결과를 알림
③ 협의 내용의 결과를 각 학급의 학부모 대표가 공지

↓

유치원 운영 및 교육과정에 반영

유치원운영 이해 중 '운영위원회'와 연계

가정과 연계한 독서교육 운영 절차

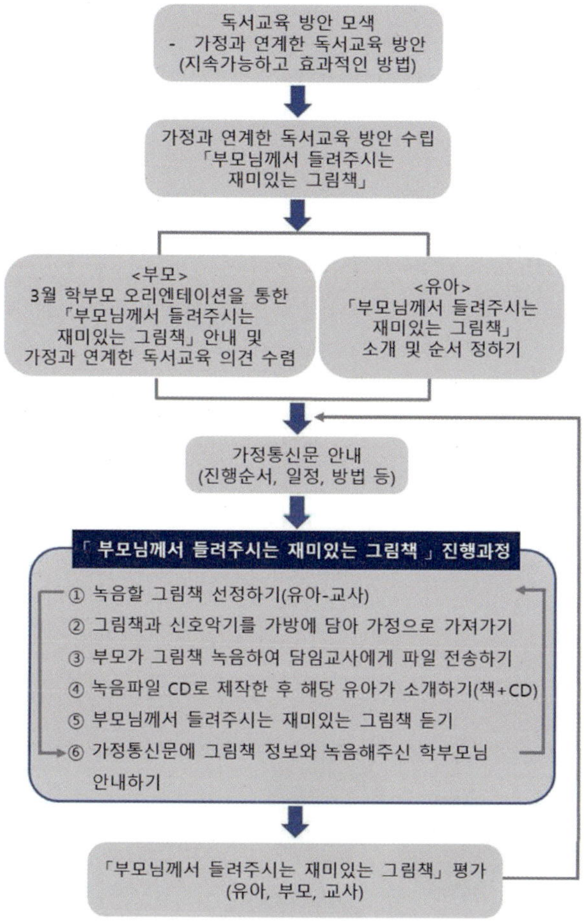

교육과정 이해 중 '교육활동 지원 프로그램' 참여

4) 지역사회와의 연계를 통한 협력공동체 형성

본원의 교육과정은 유아들이 지역사회에 관심을 가지고 주변 지역사회의 구성원들과 의사소통하며 주변 사회 문화적 맥락에 변화를 가져올 수 있는 적극적인 주체자로서의 역할을 수행할 수 있도록 한다. 따라서 교육과정 안에서 유아의 놀이와 일상을 지역사회와 연계하여 지역사회의 인적 · 물적 자원을 활용하여 교육을 실시한다.

지역사회와의 교류는 특별한 지역축제나 병원, 소방서 등 특정 기관에서만 가능한 것은 아니므로 지역사회와의 협력적 체제 구축을 통해 마을과 함께하는 다양한 교육프로그램을 운영하고 있다. 만 3-4세 유아는 자신들이 속해 있는 지역사회의 다양한 기관과 장소, 환경 등에 대해 알고 긍정적인 관계를 형성할 수 있도록 도와준다. 만 5세 유아는 자신이 속해 있는 지역사회에 대한 문제를 인식하고 문제해결과정에 참여하면서 지역사회 발전에 기여하는 경험을 갖게 한다.

지역사회 연계교육을 효과적으로 수행하기 위해 전문가나 지역사회 자원인사의 도움을 받는 것이 효과적이며 일회성의 연계가 아닌 지속적인 관계 맺기를 통해 함께 문제를 해결하며 공동의 비전과 목표를 달성해 나갈 수 있다. 특히 유치원 인근의 다양한 가게와 기관, 구청과 연결된 공원과 숲, 인근 초등학교, 소속 대학의 시설을 활용한 행사, 예술대학의 전시 및 공연 관람, 대학 동아리와 연계한 놀이 및 활동을 포함시켜 교육과정 운영에 활용하고 있다.

■ 주변 지역사회와의 교류

지속적인 협력체제를 갖춘 인근 지역사회 자원

■ 주변 지역사회와의 교류 예

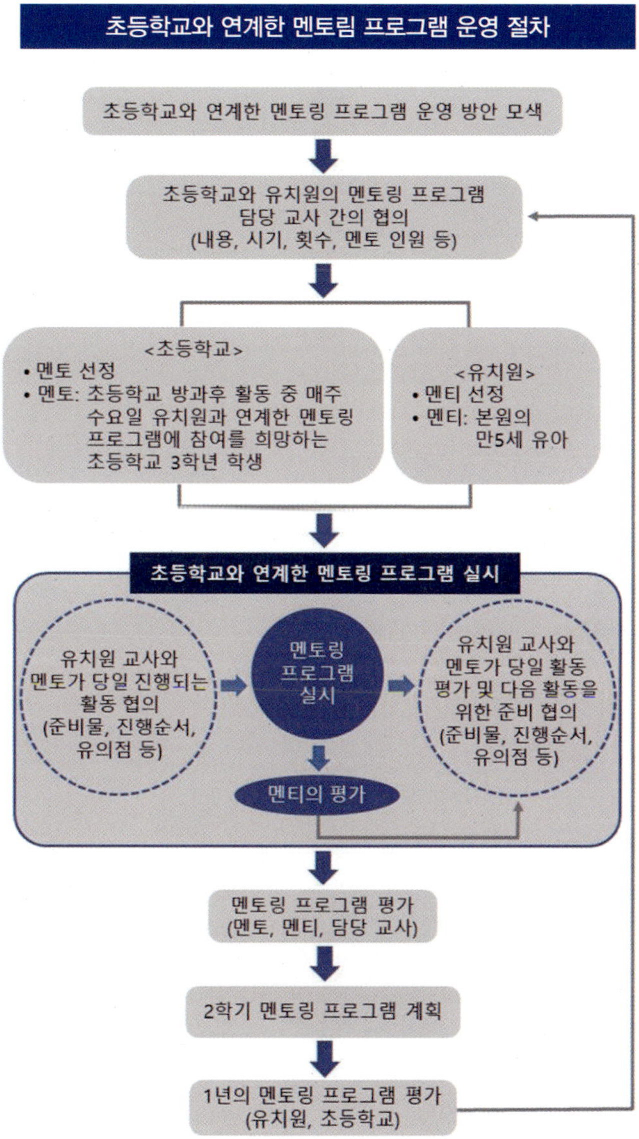

지역 사회 내 '○○초등학교'와 연계

유아숲체험장과 연계한 수업 운영 절차

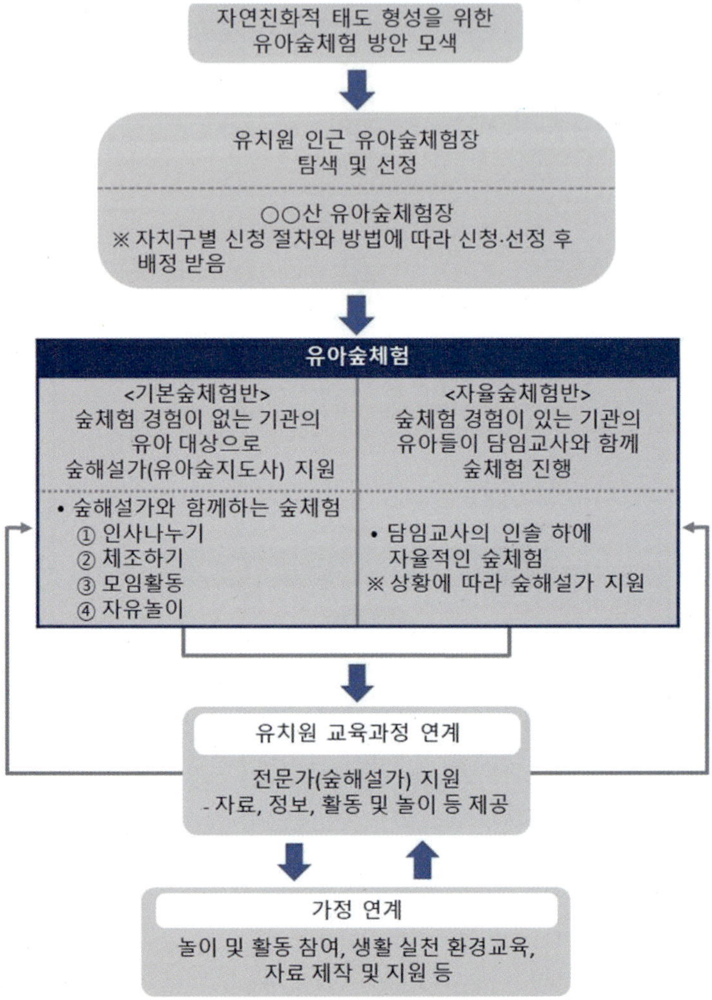

지역사회 내 '○○산 유아숲체험장'과 교류

지속적인 자원순환 실천을 위한 운영 절차

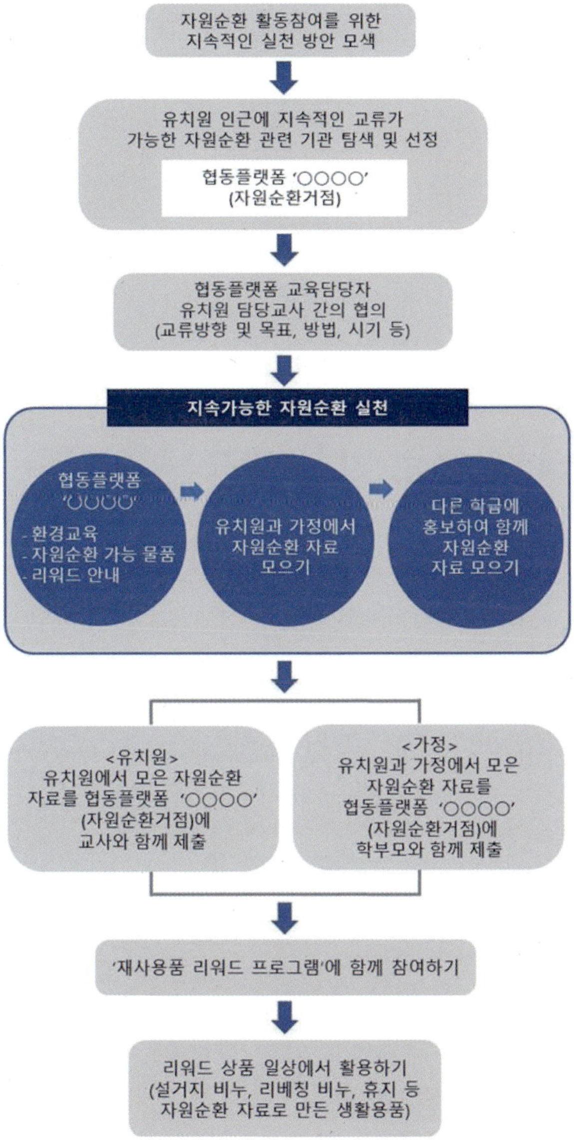

지역사회 내 '자원순환 거점 – 협동플랫폼 ○○○○'과 연계

Ⅲ. 소통과 협력을 통한 교육과정 운영의 실제

01

소통과 협력으로 만들어가는 인성교육

사회가 점차 복잡하고 다원화됨에 따라 다른 사람과 조화롭게 생활하고 협력하는 태도를 함양한 인재가 필요하다. 이러한 능력은 타인을 존중하고 배려하는 '바른 인성'을 바탕으로 이루어지므로 인성교육은 타인과 협력적 관계를 구축하고 함께 더불어 살아가는 세상을 만들기 위해 꼭 필요한 교육이다. 유아 인성교육은 놀이를 포함한 일상생활 안에서 자연스럽게 이루어질 수 있도록 하며, 유아가 중심이 되어 다양한 경험을 통해 인성덕목을 기를 수 있도록 하는 것이 유의미하고 효과적이다. 인성교육은 기관의 특색이나 실정 등을 고려하여 인성덕목이 내면화될 수 있도록 지속적으로 실시하는 것이 필요하다.

1 친구야 우리 함께하자

2 아기야 우리랑 놀자

3 기다려주셔서 고맙습니다

1 친구야 우리 함께하자

'친구야 우리 함께하자'의 시작 배경

새 학년이 시작되고 한 달이 지난 4월 무렵 만 5세 학급에 베트남에서 살던 쩌우(가명)라는 유아가 유치원에 입학하게 되었다. 한국인 아버지와 베트남인 어머니를 둔 다문화 가정의 자녀인 쩌우는 4월 유치원에 오기 이전까지 계속 베트남에서만 거주하였다. 쩌우는 유치원에 입학하면서 처음으로 한국에 오게 되어 한국어를 전혀 사용할 수 없었고 베트남어로만 소통이 가능하였다. 쩌우의 어머니 역시 한국어 사용에 어려움이 있었기에 교사는 주로 아버지와 소통하고 아버지가 어머니에게 전달해주시는 방법으로 교사와 소통이 이루어졌다. 교사는 다른 나라에서 살다 온 쩌우가 새로운 환경에 편안하게 적응하고 우리나라의 문화에 자연스럽게 융화될 수 있도록 돕고자 하였다. 재원생 유아들은 베트남이라는 나라에서 살던 유아가 유치원에 입학하여 우리 반에 오게 된다는 것에 높은 관심과 기대감을 보였다. 교사는 이러한 상황이 만 5세 학급 내에서 다양한 방법의 소통과 협력을 통해 긍정적인 관계를 형성할 수 있는 인성교육의 장이 되리라 기대하며 '친구야 우리 함께하자'를 시작하였다.

'친구야 우리 함께하자' 한눈에 보기

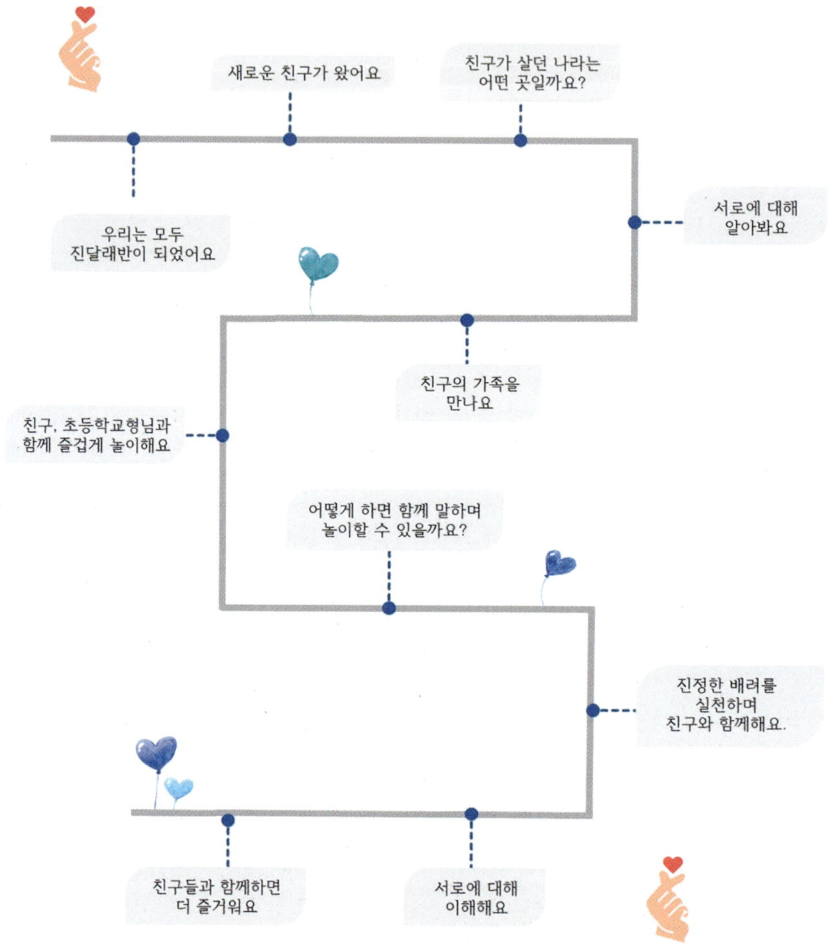

'친구야 우리 함께하자' 들여다보기

① 우리는 모두 진달래반이 되었어요

〈만 3~4세 혼합연령 학급〉 〈만 5세 단일연령 학급〉

우리는 모두 진달래반이 되었어요.
"안녕! 나는 기린반에서 온 OOO야."
"만나서 반가워. 나는 사슴반에서 온 OOO야."

- 만 3~4세 혼합연령학급에서 재원하던 만 4세 유아들이 만 5세가 되어 단일연령 학급으로 새로운 학년을 시작하게 됨.
- 같은 반에서 진급하거나 통원버스 등에서 만나 서로 아는 유아들도 있으나, 처음 얼굴을 본 유아들도 있어 서로 인사를 나누는 시간을 가짐.

친구들과 함께하는 즐거운 놀이

- 새 학년이 시작된 3월 한 달간 유아들이 새로운 교실, 친구, 선생님과 관계를 형성하며 관심을 가지고 적응할 수 있도록 수업이 진행되었음.

❷ 새로운 친구가 왔어요

"우리 반에 새로운 친구가 왔어!"
"베트남에서 왔대!"
"나도 베트남에 가본 적이 있는데..."

- 새 학년이 시작되고 한 달이 지난 4월 무렵 베트남에서 살던 쩌우가 유치원에 입학하게 됨.
- 교사는 다문화가정의 유아가 새로운 환경에 잘 적응할 수 있도록 개별적으로 돕고 유아의 적응상황에 대해 가정과 수시로 협의하며 지원함.

"내가 도와줄게!"

- 유아들은 쩌우에게 매우 높은 관심을 보이며 함께 놀기를 원함. 친구가 어려워 하는 일이나 놀이 방법 등에 대해 모델링을 보이거나 설명을 하는 등 도움을 주려는 모습이 관찰됨.
- 등 · 하원 시 만나는 쩌우의 가족(엄마, 여동생)에게도 관심을 보임. 베트남으로 여행을 다녀온 경험이 있거나 베트남 음식을 먹어보는 등의 경험에서 나아가 베트남의 언어, 날씨, 문화 등 친구가 살았던 나라에 대해 궁금한 것들이 생김.

❸ 친구가 살던 나라는 어떤 곳일까요?

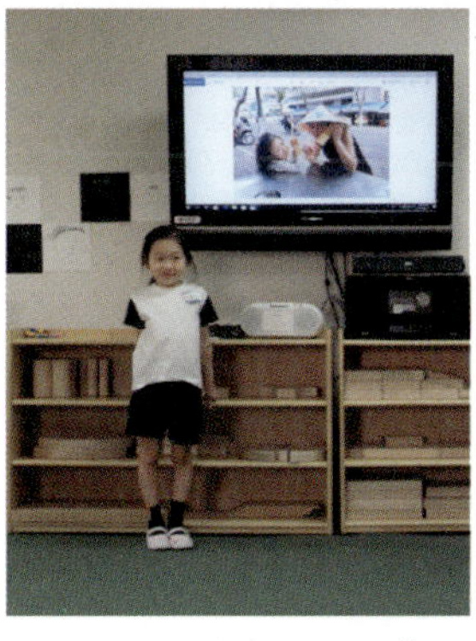

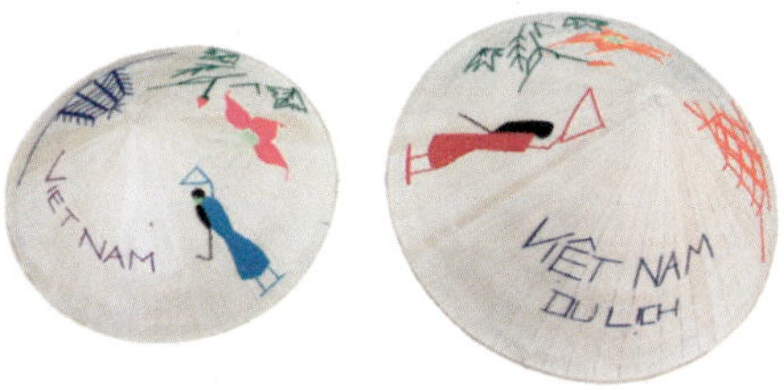

"나는 베트남에 가본 적이 있어."
"엄마가 쓰고 있는 모자는 모양이 왜 뾰족해?"
"이건 베트남 모자야. 베트남은 덥고 비도 많이 와서 이런 모자를 쓴대."

■ 베트남으로 여행을 다녀왔던 유아가 자신의 경험을 친구들에게 공유하는 시간을 가짐. 이를 시작으로 다른 유아들도 베트남 관련 도서를 찾아보거나 인터넷 등을 활용하여 친구가 살았던 나라에 대해 알아봄. 베트남의 인사말, 날씨, 음식, 옷 등 다양한 정보를 조사하고 수집하며 알게 된 지식을 서로 나누어 보기도 함.

"우리나라 말로 안녕은 베트남 말로 신짜오! 라고 해."
"그래서 쩌우가 우리가 인사할 때 몰랐구나."
"내일은 신짜오! 라고 인사해야지."

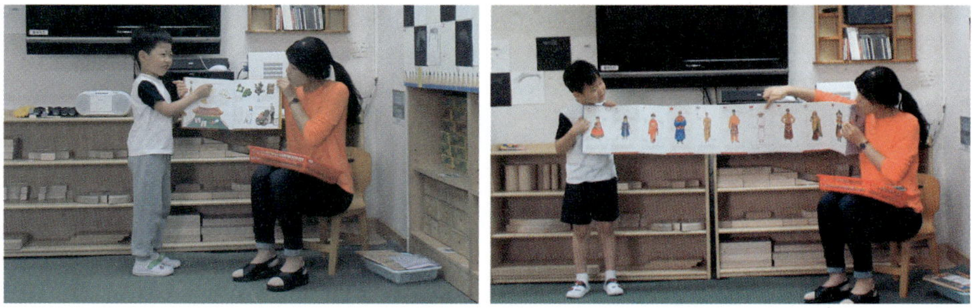

"세계 여러 나라에 사는 사람들은 입는 옷이 다 다르대!"
"베트남 모자는 봤는데... 진짜 옷을 보면 좋겠다."

■ 다양한 자료를 찾아보는 과정에서 베트남의 전통의복에 관심을 가지게 됨. 유아들이 베트남의 전통의복을 실제로 볼 수 있도록 쩌우의 가정에 도움을 요청하여 쩌우가 직접 친구들에게 소개하는 시간을 가짐.

"우와! 진짜 베트남 옷이다."

- '베트남'과 관련된 수업을 진행하면서 다른 학급의 교사들과 수업 내용을 공유하고 협의하는 시간을 가짐. 베트남에 대해 알고 있는 정보 및 지식이나, 여행을 다녀온 경험 등을 나누며 수업을 지원할 수 있는 방안을 함께 고민하며 도움을 받음.
- 베트남 전통 의복인 '아오자이'에 대한 유아들의 관심에 대해 다른 학급 교사들과 이야기를 나누던 중 '아오자이'를 가지고 있는 교사가 있어 이를 수업에 활용할 수 있도록 지원해주기로 함. 교사가 소지한 '아오자이'를 유아들에게 직접 소개하고 이를 놀이 시 활용하거나 교실에 게시하여 관찰 및 탐색해볼 수 있도록 함.

"선생님도 베트남에 가본 적이 있어."
"우리도 이 옷 알아요! 아오자이라고 해요."

"모자를 쓰면 비를 피할 수 있지."

"옷을 입으니까 진짜 베트남 사람 같아!"

- 친구가 살았던 나라의 전통 의복을 입고 놀이하면서 언어와 의복 등 친구가 살았던 나라의 문화를 경험하고 즐김.

④ 서로에 대해 알아봐요

현장체험 - 서대문구 재향군인회

- 베트남과 더불어 우리나라에 대해 알 수 있는 기회를 지원하기 위해 지역사회와 연계한 방문교육, 현장체험 등에 대한 사전 조사를 실시함.
- 관할구에서 운영하는 재향군인회를 통해 '어린이 나라사랑교육'에 참여함. 쩌우가 살았던 나라에 대해 알아보는 것에서 더 나아가 우리가 사는 대한민국에 대해 알아보는 시간을 가짐. 이를 통해 유아들이 우리나라에 관심을 가지고 나라를 사랑하는 마음과 태도를 기를 수 있도록 함.
- 재향군인회의 '어린이 나라사랑교육'을 통해 유아들이 배운 내용을 가정에서도 알고 연계할 수 있도록 관련 놀잇감을 제공하고 활용해볼 수 있도록 안내함.

"베트남 국기에는 별이 그려져 있어."
"태극기에는 빨강, 파랑, 하양, 검정 4가지 색이 있는데
베트남 국기는 빨강, 노랑 두 가지 색으로 되어 있어."
"베트남 국기랑 태극기 모두 빨간색이 있네!"

- '어린이 나라사랑교육'을 통해 태극기에 대해 알아보면서 자연스럽게 베트남의 국기에도 관심을 가짐.

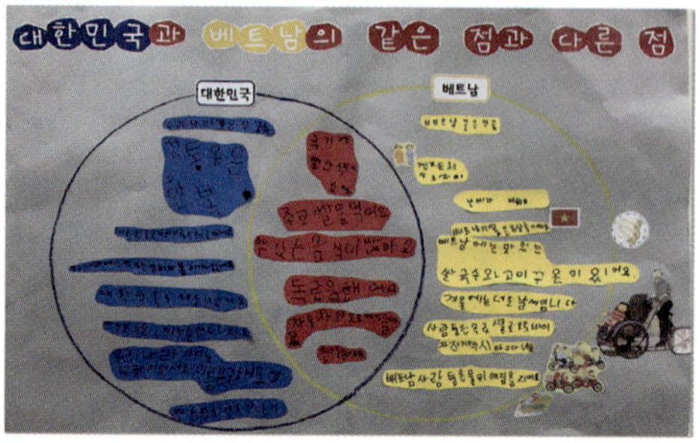

"친구가 살던 베트남과 우리나라의 같은 점과 다른 점이 있어."

- 유아들은 나라를 나타내는 국기 외에도 '어린이 나라사랑교육'을 통해 알게 된 우리나라에 대한 지식과 베트남에 대한 조사를 통해 알게 된 지식을 바탕으로 베트남과 대한민국 두 나라의 같은 점과 다른 점을 찾아보기도 함.

⑤ 친구의 가족을 만나요

- 유아들이 등 · 하원시 쩌우의 가족을 자주 만나게 되면서 쩌우의 가족에게 높은 관심을 보임. 교사는 유아들이 쩌우의 가족에 대한 관심을 긍정적으로 표현하고 관계를 맺을 수 있도록 지원 방법을 모색함.
- 교사는 유아들의 관심과 마음이 잘 전달될 수 있도록 사전에 쩌우의 가정과 소통하며 쩌우의 가족을 유치원에 초대하여 유아들과 함께 의미있는 시간을 보낼 수 있도록 협의함.

신짜오!

Xin chào!

쩌우의 엄마가 우리 반에 오셨어요.
"신짜오! 안녕하세요."

귀여운 동생도 왔어요.
"무슨 놀이 할래? 언니가 그림 그려줄까?"

- 유아들은 유치원에 방문한 쩌우의 가족을 반갑게 맞이하며, 쩌우의 동생에게도 교실을 소개하고 놀이를 도와주며 함께 시간을 보냄.

gỏi cuốn

신선한 채소와 고기 등 다양한 속 재료를 반짱(bánh tráng, 쌀가루로 만든 얇은 피)으로 감싸서 소스에 찍어 먹는 베트남 음식

"베트남 쌀국수가 들어가네? 쌀국수도 베트남 음식이잖아!"
"채소도 정말 많이 들어 가!"

- 학부모 재능기부의 일환으로 쩌우의 엄마와 함께 베트남 음식인 '고이꾸온'을 만들어보는 시간을 가짐.

깜언!  Cảm ơn.

"맛있는 음식을 만드는 방법을 알려주셔서 감사합니다."
"깜언!"
"사랑해요."

- '고이꾸온' 만드는 방법을 알려주신 쩌우의 엄마와 함께 온 쩌우의 동생에게 베트남어로 감사한 마음을 전하고 인사를 나눔.

⑥ 친구, 초등학교 형님과 함께 즐겁게 놀이해요

"이건 이렇게 놀이하는 거야."
"내가 해줄게."

- 쩌우와 다른 유아들이 함께 놀이하고 어울리며 더욱 친밀한 관계를 형성하기 시작함. 자신이 알고 있는 내용이나 놀이 방법 등에 대해 모델링을 보이며 적극적으로 도움을 주기도 함.

초등학교와 연계한 멘토링 프로그램
만 5세 유아 ↔ 초등 3학년

- 초등학교와 연계한 멘토링프로그램을 통해 멘토로 선정된 초등학교 3학년 학생들이 만 5세 유아들에게 초등학교를 가기 전 준비해야 할 것들과 다양한 놀이 및 활동들(언어, 수, 신체 등)을 알려주며 경험해볼 수 있도록 함.

- 초등학교 3학년 학생인 멘토 1명과 만 5세 유아 3~4명의 멘티를 한 팀으로 구성함. 찌우가 속한 팀의 멘토에게는 찌우의 배경과 상황에 대해 사전에 안내하여 찌우를 이해하고 적절한 도움을 줄 수 있도록 지원함.

- 초등학교 3학년 학생들은 멘토로서 만 5세 유아들에게 놀이의 방법을 알려주거나 보여주기도 하면서 게임, 색종이 접기, 글씨 쓰기 등 다양한 활동의 전략을 공유하며 유아들을 지원함. 찌우가 속한 그룹의 멘토는 조금 더 천천히 이야기를 하고 기다려주고 직접 시범을 보이는 등 찌우의 눈높이에 맞춰 설명하며 도와줌.

⑦ 어떻게 하면 함께 말하며 놀이할 수 있을까요?

"친구가 말을 하지 않아요."

"같이 놀이하고 싶지 않나?"

- 쩌우와 놀이하기 위해 친구들이 먼저 놀이를 제안하나, 소통이 원활하게 되지 않아 오해가 생기면서 쩌우가 불편함을 느끼기도 함. 관계를 맺고 도와주려는 좋은 의도와 달리 소통의 어려움으로 생기는 문제들을 관찰하며 교사는 유아들이 문제를 인식할 수 있도록 상황을 공유하고 함께 해결방안을 모색해볼 수 있도록 함.

"어떻게 하면 서로의 마음을 알 수 있을까?"
"말로 이야기해요."

"사용하는 말이 다를 때는 어떻게 하면 좋을까?"
"손이나 몸으로 이야기하면 돼요."

- 언어로 소통이 되지 않는 것에 대해 유아들과 이야기를 나누면서 손으로 서로의 생각을 표현해보기로 함.

▪ 유아들과 개별 또는 소집단으로 나누어 다양한 의사표현의 내용을 손으로 표현해볼 수 있도록 함. 교사는 유아들이 표현하고자 하는 내용이 담긴 손의 모습을 사진으로 촬영함.

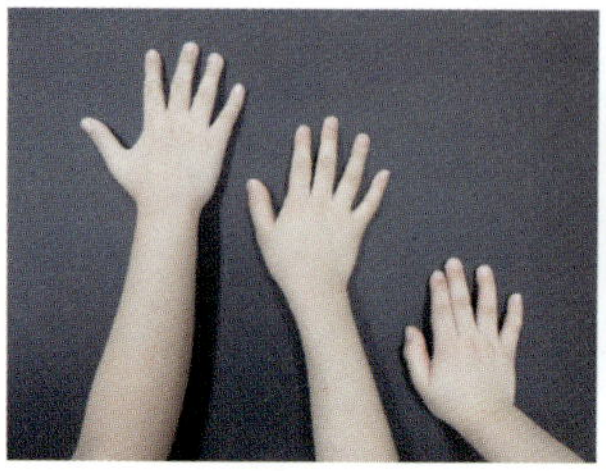
미안해

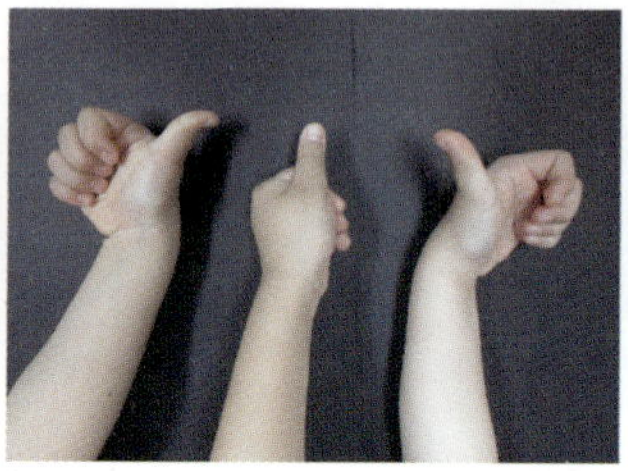
잘했어

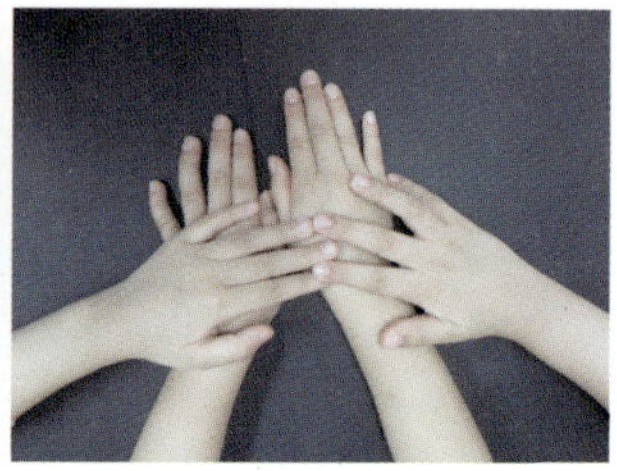
내가 도와줄게

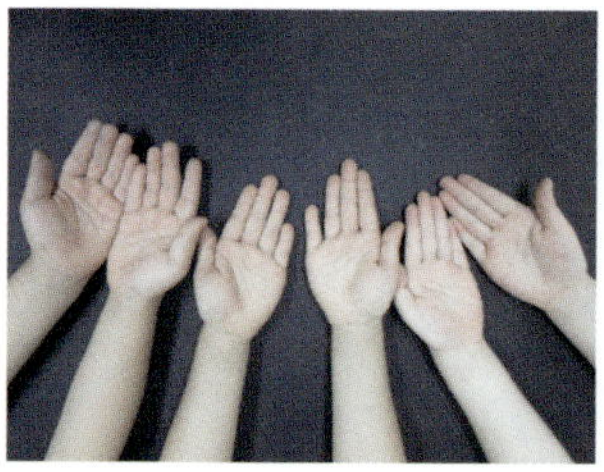
내가 양보할게

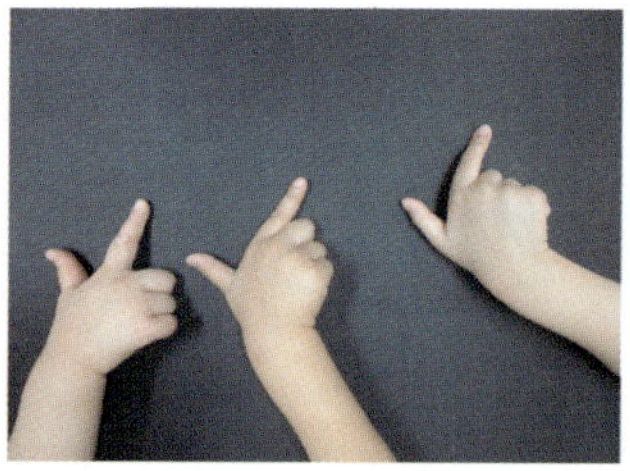
멋지다

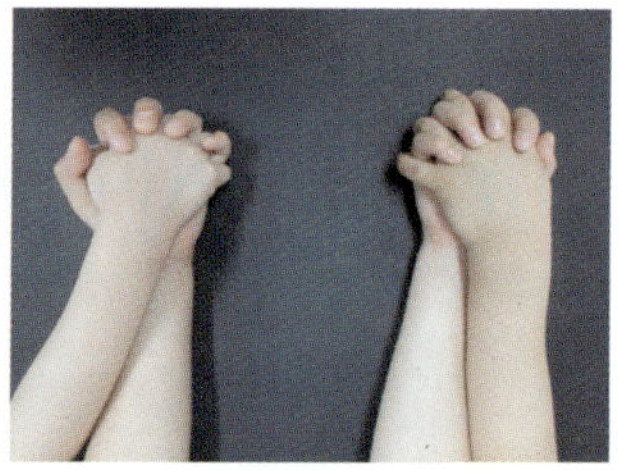
친하게 지내자

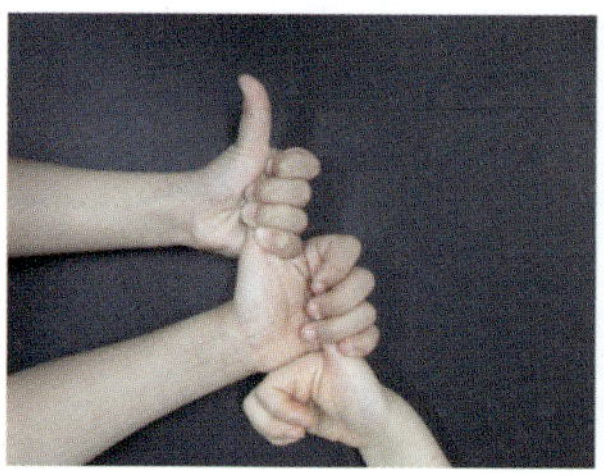
같이 놀자

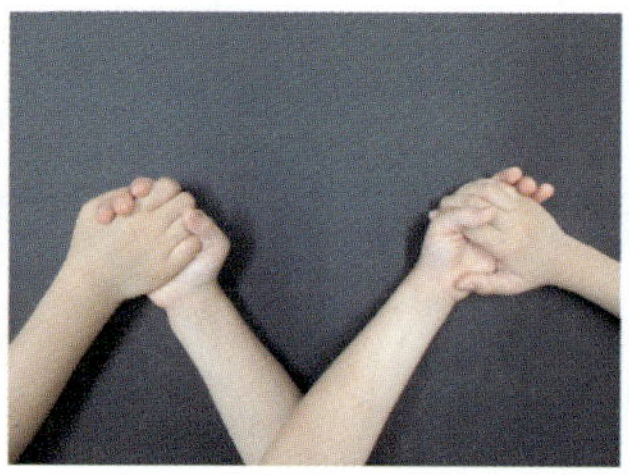
같이 해서 좋아

사랑해

▪ 친구들과 서로 의논하고 협력하여 만든 의사소통 방법을 전체 유아들과 공유하여 공동의 소통 방법을 정함.

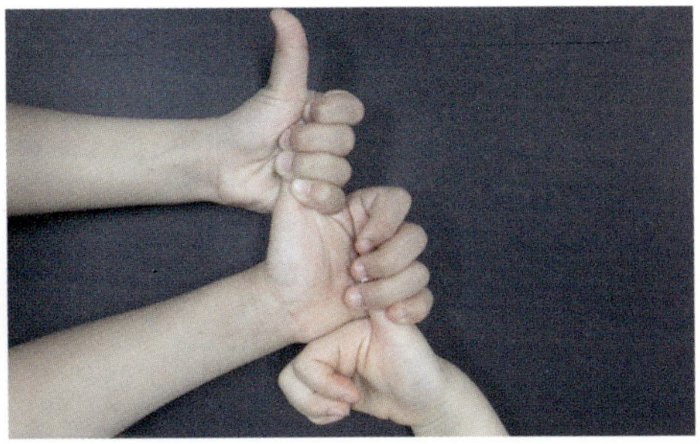

"이건 우리가 만든 사인이야."
"엄지손가락을 들면 같이 놀자라는 뜻이야"
"엄지손가락을 잡으면 '그래 좋아. 같이 놀자.' 라는 뜻이야."

- 언어 외의 소통 방법에 관심을 가지고 친구들과 비언어적인 방법까지 포함하여 소통함.
- 교사는 쩌우가 언어의 차이로 인하여 교사 또는 친구들과 서로 원활한 소통이 이루어지지 않을 수 있으므로 수시로 쩌우의 유치원 생활에 대해 가정과 소통하여 쩌우의 상황(적응 정도, 유치원에 대한 생각 등)을 파악함.

⑧ 진정한 배려를 실천하며 친구와 함께해요

- 친구를 도와주고 싶어 하는 진달래반 어린이들의 마음과 의도는 좋았으나, 쩌우가 스스로 할 수 있는 기회가 줄어들게 됨. 쩌우의 마음이나 생각에 대한 존중이 배제된 자기중심적 배려를 하게 되는 상황이 반복되어 교사는 이에 대한 지원이 필요하다고 판단함. 이에 유아들이 서로를 이해하고 존중하며 진정한 배려를 실천할 수 있도록 수업을 계획하여 진행함.

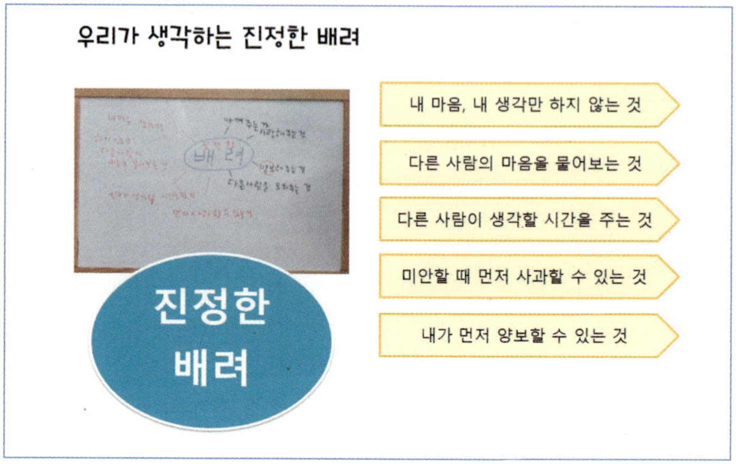

"친구의 마음은 어떨까요?"
"나는 좋은데 친구는 싫을 수도 있어요."
"서로 마음이 달라요."

"천천히 해도 괜찮아. 기다려줄게."
"내가 도와줄까?"
"친구의 표정을 보면 친구의 마음을 조금은 알 수 있어요."

- 언어로는 원활한 소통의 어려움이 있으므로 찌우를 돕거나 함께 놀이할 때도 천천히 다가가거나 찌우의 마음을 살피며 도움을 주려고 노력하는 모습이 보임. 찌우를 기다려주는 태도나 눈 맞춤 등을 통해 비언어적으로 소통을 함.
- 배려, 도움을 실천하기 이전에 친구의 의견을 물어보고 상대의 감정, 생각 등을 헤아리며 소통하려는 노력을 하기 시작함.

⑨ 서로에 대해 이해해요

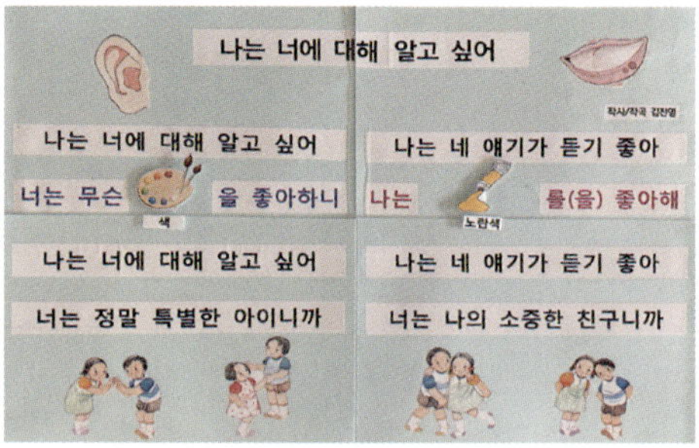

"우리는 모두 다 다르고 특별해!"
"서로의 마음과 생각이 다를 수 있어."

- 교사는 쩌우 뿐 아니라 학급의 유아들이 점차 나와 다른 사람과의 나름을 이해하고 서로에 대해 이해해 볼 수 있도록 함. 관련 노래를 배우고 노랫말을 바꿔 부르거나, 서로에 대해 궁금한 것들을 함께 의논하고 조사해보는 등 다양한 유형의 수업을 통해 서로 이해하고 상호 존중하는 것의 중요성을 인식할 수 있도록 함.

⑩ 친구들과 함께하면 더 즐거워요

"같이 놀이하면 더 즐거워요."

"우리 모두 다 같이!"

- 유아들이 점차 자기 중심적인 배려가 아닌 상대방이 필요로 하고 원하는 배려를 실천하는 태도를 보임. 또한 행동을 하기에 앞서 다른 사람의 의견을 물어보거나 기다리는 등의 모습도 관찰할 수 있었음. 유아들은 서로 존중하고 진정으로 배려하는 태도의 중요성을 알게 되고 함께 어울려 소통하며 놀이하게 됨.

수업사례 공개

- 진행되었던 수업 사례를 학부모에게 공개하여 유아들의 유치원 생활과 변화에 대해 가정에서도 관심을 가지고 유아들을 격려하고 지원할 수 있게함. 또한 짜우의 가정에 대해 다른 가정에서도 관심을 가지며 등 · 하원 시 인사를 나누거나 소통하는 모습이 관찰됨.

'친구야 우리 함께하자'를 마치며...

- 궁금한 것에 대해 알아가는 과정에서 조사한 정보나 의견을 서로 주고받으며 다른 사람의 이야기에 귀 기울이는 태도를 기름.
- 다른 사람이 어려움을 느끼거나 도움을 필요로 할 때 공감하여 도우며, 일상에서 협력하는 태도를 지님.
- 서로에 대한 관심을 바탕으로 또래 간 다양한 방법으로 소통하며 진정한 배려와 존중의 의미를 알아가고 실천하며, 다른 사람과 더불어 살아가는 마음의 기초를 형성함.

- 다른 나라에서 살다 온 유아가 새로운 환경에 원만하게 적응하고 융화될 수 있도록 유아의 배경과 상황을 전체 교사들과 공유하여 유아를 지원하기 위한 다양한 방법을 함께 고민하며 협력적으로 유아의 적응을 도우며 학급 운영의 질을 높임.
- 교사 간 경험을 공유하고 수업에 필요한 물리적, 인적 자원을 서로 지원하며 효과적이고 협력적으로 교육과정을 운영함.

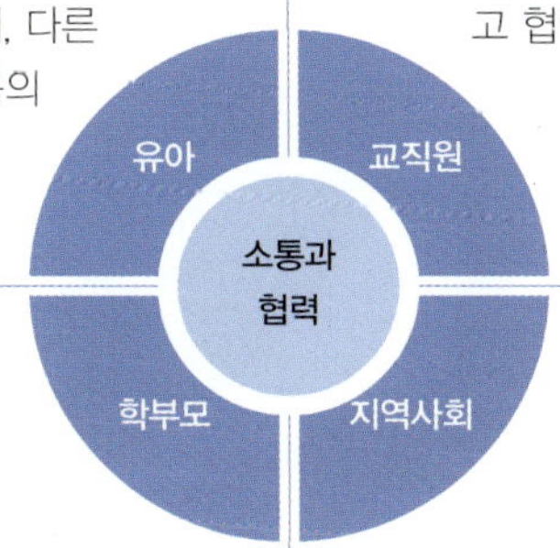

- 학급의 상황과 진행되고 있는 수업 과정을 등·하원 시간이나 가정통신문, 수업 사례 공개 등을 통해 가정과 지속적으로 소통함으로써 학부모가 자녀의 유치원 생활에 관심을 가지고 이해하게 됨.
- 등·하원을 하며 만난 짝우의 가족과 반갑게 인사를 나누고 베트남어, 한국어, 영어 등 다양한 언어를 활용하여 학부모 간의 소통을 이루며 문화의 다양성을 존중하는 민주시민 의식을 가짐.

- 관할구에서 운영하는 재향군인회의 '어린이 나라 사랑'교육을 통해 유치원은 지역사회의 다양한 물적, 인적 자원을 활용하여 교육과정을 보다 효과적으로 운영함.
- 재향군인회는 '어린이 나라 사랑'을 통해 어린이들이 미래사회의 주역으로서 나라 사랑을 실천할 수 있는 기초교육을 수행하며 사업의 목표를 달성함.
- 초등학교와 연계한 멘토링프로그램을 통해 목표를 함께 설정하여 상호 협력적인 관계를 형성함.
  - 초등학교는 멘토링프로그램을 방과후프로그램으로 운영하여 초등 3학년 학생들은 멘토로서 리더의 경험하며 자신감을 기름.
  - 멘토링프로그램을 통해 유아들이 발전된 놀이 기술을 습득하고 초등학교에 대한 기대감을 가짐.

기다려줄게.
우리
같이 하자!
함께하면
더 즐거워요.
내가
도와줄게.

2 아기야 우리랑 놀자

'아기야 우리랑 놀자'의 시작 배경

만 5세 학급 유아 중 매일 엄마, 아기(남동생)와 함께 도보로 등원하는 유아가 있다. 이 유아의 부모는 유치원의 교육과정 및 운영을 신뢰하고 교사와 친밀한 관계를 맺고 있어 교사와 소통을 하는데 매우 적극적이며 유치원에 협조적이다. 유아의 남동생인 은우(가명)는 생후 7개월로 움직임이 활발하고 호기심이 많으며 누나를 따라 매일 유치원에 방문하였다. 만 5세 유아들은 유치원에 매일 오는 은우에게 인사를 하거나 눈을 맞추는 등 높은 관심을 보이며 친밀하게 대했다. 교사는 이러한 상황을 수업으로 연계하여 공간교육을 실현할 수 있으리라 기대하며 가정과 협의하고 유아들을 지원하였다.

'아기야 우리랑 놀자' 한눈에 보기

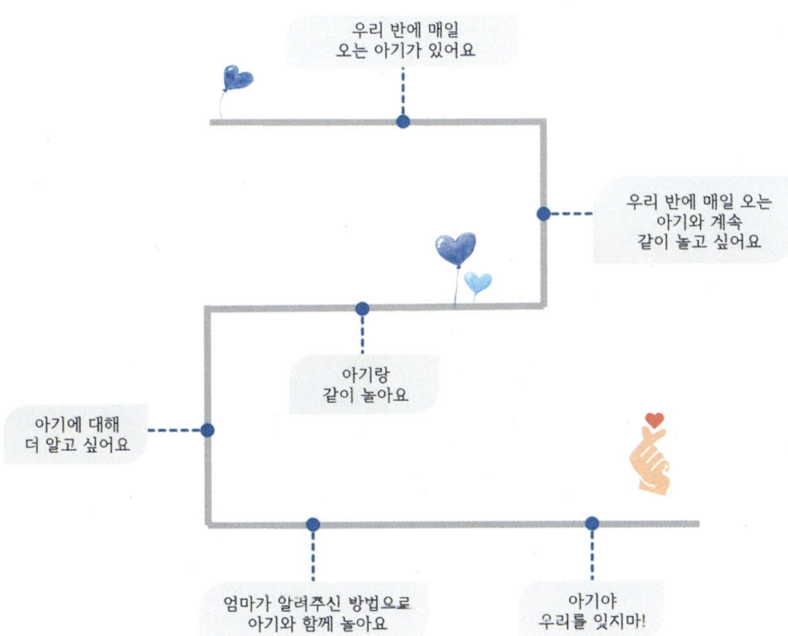

'아기야 우리랑 놀자' 들여다보기

❶ 우리 반에 매일 오는 아기가 있어요

"은우(가명)다!" "귀여워!"

"은우는 몇 살이에요?"

▪ 만 5세 학급에 재원하고 있는 유아의 남동생(아기)이 매일 누나의 등원 길을 함께 하며 원을 방문함. 유아들은 자연스럽게 아기와 인사를 나누거나, 교사의 도움을 받아 아기를 교실로 데리고 들어오면서 자연스럽게 우리 반에 오는 아기에게 관심을 가지게 되었고 잠깐씩 함께 놀이를 하기도 함.

❷ 우리 반에 매일 오는 아기와 계속 같이 놀고 싶어요

"은우가 안 갔으면 좋겠다!" "은우랑 더 놀고 싶어요."

- 아기랑 더 시간을 보내고 싶어하는 유아들의 의견과 교육적인 가치를 고려하여 교사는 아기와 함께하는 공감교육을 시작하기로 협의함.
- 교사 협의를 통해 공감교육을 실시하는 목적과 기대되는 효과, 구체적인 실시 방법 등에 대해 함께 고민하며 지원 계획을 세움.
- 공감교육을 위해 1일 1시간씩 아기를 교실로 초대할 수 있도록 학부모의 협조를 구했으며, 아기의 엄마가 아기 주변이나 참관실에 머물 수 있도록 사전에 일정을 조율함.
- 유아들은 아기를 만나기 전 아기의 발달 단계와 아기를 돌보는 방법, 주의해야 할 점 등에 대해 이야기를 나누며 준비하는 시간을 가짐.

③ 아기랑 같이 놀아요

"은우는 무엇을 좋아할까?"

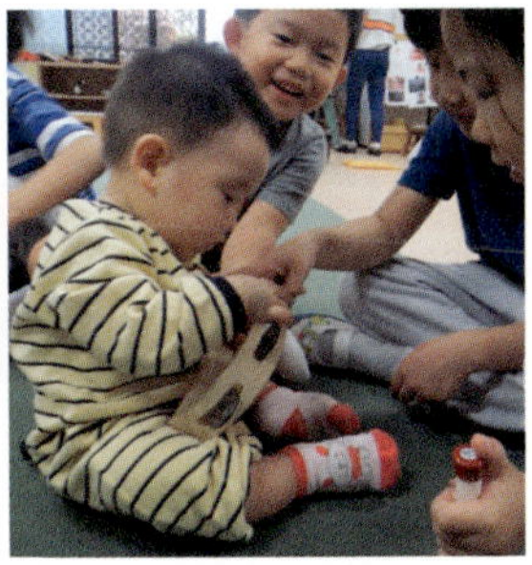

"탬버린이 신기한가 봐!"

- 아기는 1일 1시간씩 자유놀이 시간에 교실로 초대되었고 유아들은 아기에게 가까이 다가가 눈을 맞추며 돌보고 아기의 놀이를 지원함.

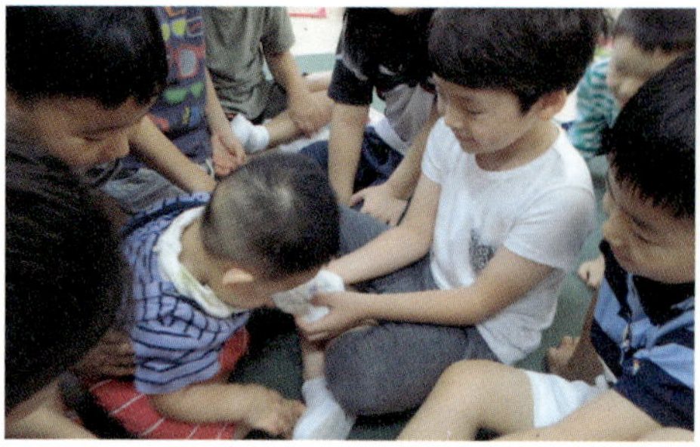

"은우가 자꾸만 고개를 숙이네."

"은우가 침을 흘려. 우리가 닦아주자!"

- 유아들은 아기와 시간을 보내며 아기와 놀아주고 돌보는 모습을 보임. 이 과정에서 자연스럽게 아기의 행동을 관찰하고 아기의 발달과정을 경험하게 됨.

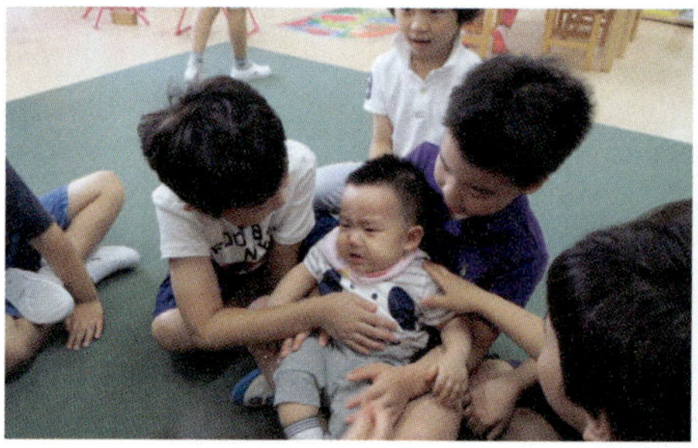

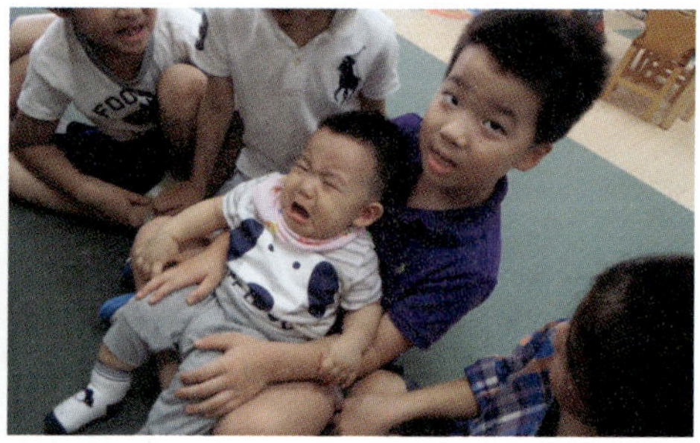

"그런데 은우가 자꾸 울어."
"은우가 왜 울지?"
"엄마가 보고 싶은가?" "배가 고픈가?" "응가한 것 아니야?"

- 아기와 보내는 시간이 지속되면서 유아들은 아기에 대해 궁금한 것들이 생기기 시작함.

"입에 넣으면 안돼!"

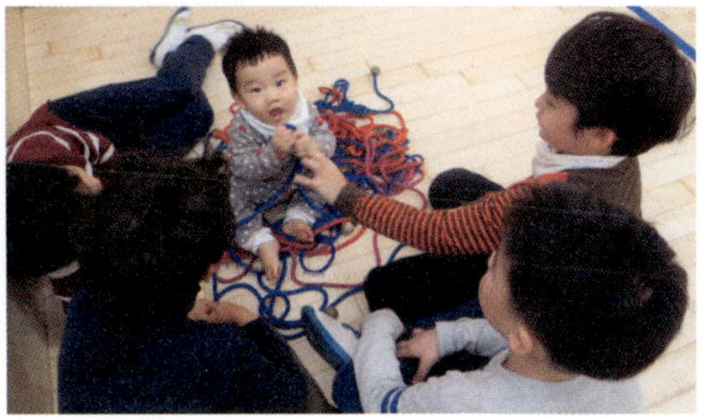

"은우가 자꾸 물건을 입에 넣네. 먹는 게 아닌데..."

- 유아들이 아기에 대해 궁금증을 해결하고 더 의미있는 시간을 보낼 수 있도록 교사는 아기의 엄마와 학급의 상황에 대해 공유하고 유치원에 초대하여 유아들과 만날 수 있는 시간을 마련함. 교사는 아기 엄마와의 만남을 통해 유아들이 아기에 대해 조금 더 이해하고 이를 바탕으로 깊이있는 공감교육이 이루어질 수 있을 것으로 기대함.

아기의 엄마께 여쭤봐요.

1. 아기가 좋아하는 장난감, 놀이는 무엇이에요?
2. 아기는 어떤 음식을 좋아해요?
3. 지금도 엄마 젖을 먹나요?
4. 아기는 왜 자꾸 침을 흘리고 물건을 입에 넣어요?
5. 아기는 몇 시간을 자고 어떤 자장가를 좋아해요?

- 아기의 엄마를 만나기 전 아기에 대해 여쭤보고 싶은 내용을 의논함.

❹ 아기에 대해 더 알고 싶어요

"은우 엄마가 우리 반에 오셨어요."

▪ 아기의 엄마를 교실로 초대하여 유아들과 만나 인사를 나누고 아기에 대해 궁금한 것을 묻고 답하는 시간을 가짐.

"은우는 왜 자꾸 침을 흘리고 입에 물건을 넣어요?"
"은우는 궁금한 것을 입에 가져가거나 만져보면서 궁금한 것을 알아간단다."

▪ 아기 엄마는 유아들이 궁금해하는 것에 대해 답변을 해주셨고, 유아들은 아기의 발달에 대해 이해할 수 있었음.

"은우가 좋아하는 놀이는 무엇이에요?"
"은우는 까꿍놀이를 좋아해."

- 유아들은 아기가 좋아하는 놀이에 대해 질문하였고, 아기 엄마는 아기가 좋아하는 놀이와 아기와 놀이를 하는 방법에 대해 직접 시범을 보여주셨음. 이를 통해 유아들은 아기가 좋아하는 것에 대해 알고 아기와 놀이하는 방법을 익힐 수 있었음.

⑤ 엄마가 알려주신 방법으로 아기와 함께 놀아요

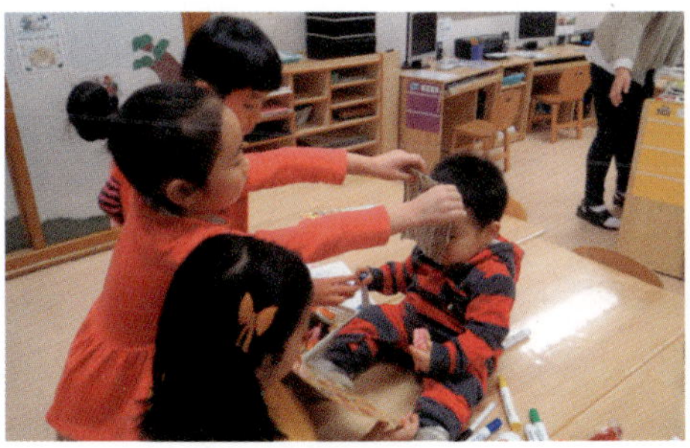

"이렇게 하면 은우가 좋아한다고 했지? 까꿍"

"은우가 진짜 웃네!"

"은우는 유모차 타는 것도 좋아해."

"은우는 아직 혼자서 못하니까 우리가 도와주자."
"형이 잡아 줄게!"

- 유아들은 아기 엄마를 통해 알게 된 놀이와 아기와 놀이하며 직접 찾아낸 '아기가 좋아하는 놀이'를 적용하여 놀이하고 친구들과 공유하기도 함.

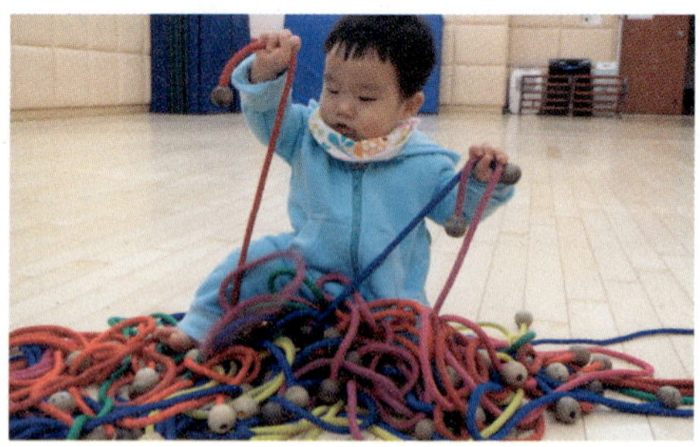

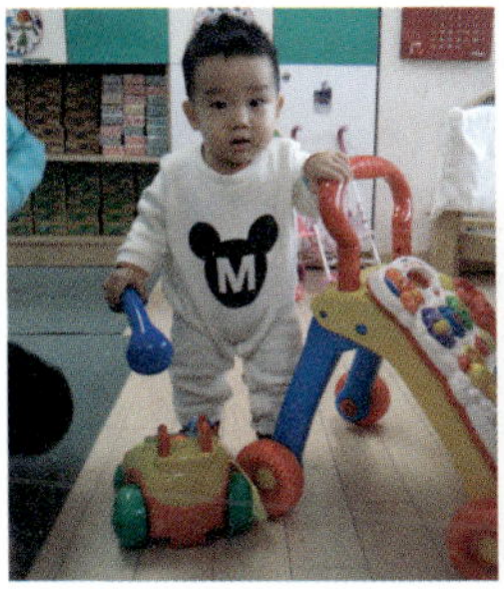

"은우가 좋아할 만한 놀잇감도 주자!"

- 교사는 유아들이 아기와 함께 놀이할 수 있도록 아기의 연령 및 발달 수준에 적합한 놀잇감도 함께 제공함.
- 교사는 진행되고 있던 공감교육의 내용에 대해 가정에 안내하였으며 이후 유아들이 집에서 아기 때 사용했던 물건이나 놀잇감을 유치원에 가져와 이를 활용하여 아기와 놀아줌.

"은우도 우리가 좋은가 봐."

"은우가 이제 일어서고 싶은가 봐."
"은우야 힘내!"

"은우가 이제는 혼자 일어서고 걸을 수 있어!"

- 유아들은 아기와 함께 놀이하는 과정을 통해 아기의 성장 과정을 직접 경험하며 아기의 발달 단계를 이해할 수 있었음. 아기가 일어서거나 혼자서 걷는 등의 성장을 보일 때 아기를 응원하며 격려하는 모습도 보임.

⑥ 아기야 우리를 잊지 마!

 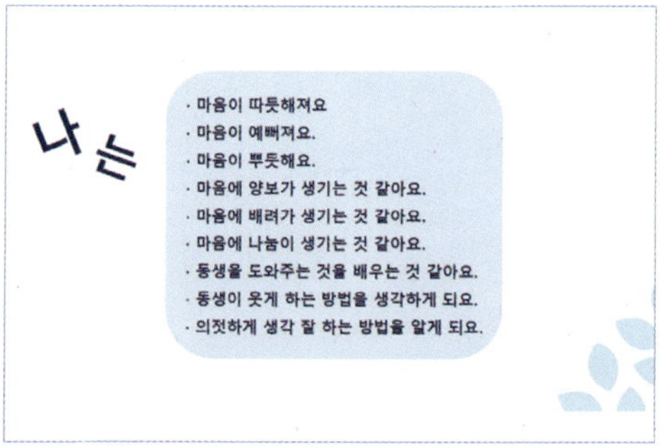

"은우랑 같이 놀이하면서 나는 마음에 배려가 생기는 것 같아요."

- 유아들이 아기와 함께하며 느꼈던 감정과 생각에 대해 서로 이야기를 나누며 공유하는 시간을 가짐.

"은우야 우리를 잊지 마."
"건강해!"

- 아기와 정기적으로 만나 놀이하는 시간은 만 5세 학급의 초등학교 진학 준비 시기를 고려하여 자연스럽게 마무리하게 됨. 이후 유아들은 등 · 하원 시 아기를 만나면 반갑게 인사를 나눌 뿐 아니라 아기의 첫 번째 생일(돌)을 축하하며 어렸을 때 신던 신발이나 선물 등을 준비하여 전달하기도 함.

'아기야 우리랑 놀자'를 마치며...

- 아기를 돌보고 함께 놀이하는 과정에서 아기의 발달을 이해하고 공감하는 마음을 가짐.
- 나아가 다른 사람과 나의 다름을 이해하고 서로 존중하며 더불어 살아가는 마음의 기초를 형성함.

- 경험 중심의 인성 및 공감교육 실천을 위해 동료교사 및 원감, 원장이 함께 효과적인 교육과정 운영방법에 대해 고민하며, 협력적인 태도를 지님.
- 공감교육에 대한 교사연수 및 교사 간의 정보 공유 등을 통해 교육과정 운영의 질을 높임.

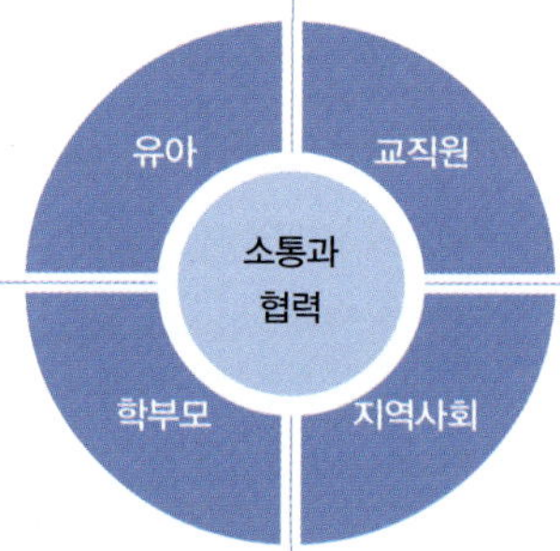

- 진행되는 수업의 목적 및 과정 등을 가정통신문이나 등 · 하원 시간을 통해 가정에 안내하여 가정에서도 학급에서 이루어지는 교육과정의 가치와 의미를 이해하고 기관과 같은 철학으로 유아를 양육할 수 있음.
- 유아들이 어렸을 때 사용하던 물건, 놀잇감 등의 다양한 인프라를 유치원에 가져갈 수 있도록 하여 아기와의 놀이를 지원하며 유아들의 관심사와 유치원 생활에 관심을 가짐.

동생이 웃게 하는 방법을 알게 되었어요.
마음이 뿌듯해요.
동생을 도와주는 마음을 가지게 되었어요.
의젓하게 생각하는 방법을 알게 돼요.

3 기다려주셔서 고맙습니다

'기다려주셔서 고맙습니다'의 시작 배경

유치원 마당과 연결된 지하 주차장에 누수가 발생하여 여름철 장마를 대비하기 위해 한 달 동안 누수 공사를 진행해야 하는 상황이었다. 유아들이 없는 방학 동안 공사를 진행해야 하므로 휴가철에 공사하는 것이 불가피하였다. 휴가철 공사 실시로 인해 인근 주민들이 불편함을 느낄 것으로 예상한 교직원들은 공사 전 주민들을 일일이 찾아뵙고 양해를 구하기도 하였다. 본원은 주택가 안에 위치해 평소에도 인근 주민들이 유치원으로 인한 불편함을 제기하기도 하여 주민분들과 원만한 관계를 유지하기 위해 끊임없이 소통하며 노력해왔다. 이러한 충분한 소통과 협력적인 관계를 기반으로 하여 누수 공사라는 돌발상황에서 지역주민들이 불편함을 감수하고 기다려준 덕분에 공사는 잘 마무리되었다. 교사는 유치원의 구성원인 유아들도 포함하여 유치원에서 일어난 누수 공사의 과정을 알고 인근 주민들의 이해와 배려에 감사한 마음을 가질 수 있도록 그 과정을 유아들과 공유하였다.

'기다려주셔서 고맙습니다' 한눈에 보기

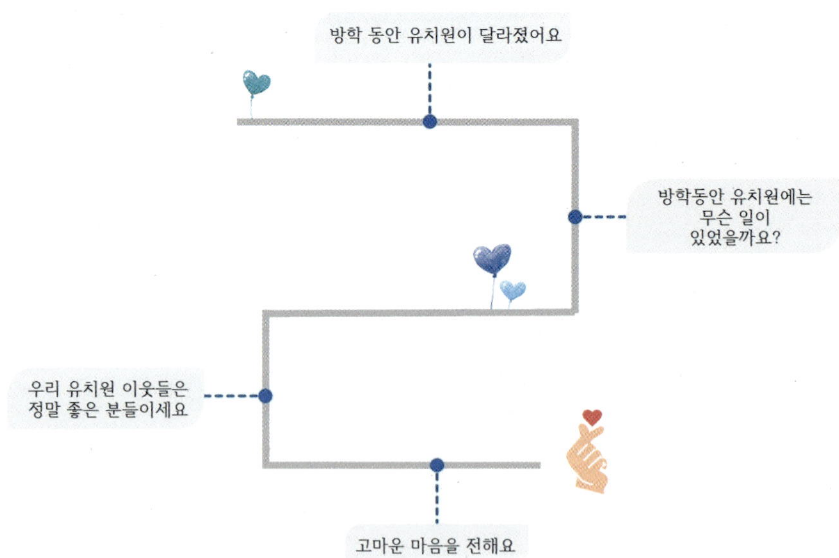

'기다려주셔서 고맙습니다' 들여다보기

❶ 방학 동안 유치원이 달라졌어요

공사 전 마당의 모습

- 유치원 마당과 연결된 지하 주차장에 누수가 발생하여 유아들이 등원하지 않는 방학 동안 누수 공사를 진행하기로 함. 공사를 하기 전, 교직원은 유치원 인근의 주민들을 찾아뵙고 사전에 양해를 구함.
- 교직원은 유치원 인근 주민분들께 사전에 양해를 구했으나, 공사가 진행되는 과정에서 발생하는 상황(큰 소음과 먼지, 통행의 어려움 등)을 직접 경험하며 주민들의 불편함과 고충에 깊이 공감함.
- 공사 과정을 지켜본 교사는 그 과정을 기록으로 남겼으며, 동영상으로 촬영한 공사 과정을 개학 후 유아들과 공유함으로써 유아들이 기다려준 주민분들께 감사한 마음을 느낄 수 있으리라 생각함. 나아가 우리 주변의 이웃에게 관심을 가지며 상호 교류하고 소통할 수 있는 인성교육의 장이 되리라 생각하며 이를 수업과 연계하기로 함.

공사 후 변화된 유치원의 모습

"유치원 마당이 달라졌어! 야호! 신나는 물놀이도 하고..."

"신나게 뛰어놀아야지!"

- 여름방학 동안 있었던 일을 회상하는 과정에서 유아들은 방학 동안 유치원에 공사가 진행된 것을 알게 되었고 마당에서 신나게 놀이하는 것 뿐 아니라 공사로 인해 달라진 마당의 모습에 관심을 보이기도 하였음.

❷ 방학 동안 유치원에는 무슨 일이 있었을까요?

방학 중 공사하는 모습

"엄청 시끄러워요!"

"벽이 무너졌어!"

"귀 아프다..."

"마당을 공사하는 동안 유치원 주변에 사시는 이웃들은 어땠을 것 같니?"

"너무 시끄러웠을 것 같아요."
"잠도 못 잤겠어요."

- 교사는 사전에 촬영한 공사 과정 동영상을 유아들에게 보여주며 유아들이 간접적으로 경험해볼 수 있도록 함. 공사 과정을 지켜본 유아들은 이웃들이 느꼈을 불편함에 대해 깊이 공감함.

③ 우리 유치원 이웃들은 정말 좋은 분들이세요

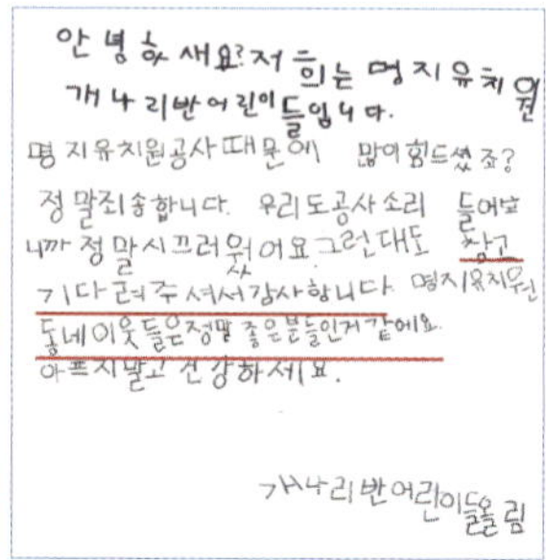

안녕하새요? 저희는 명지유치원 개나리반 어린이들입니다.
명지유치원 공사 때문에 많이 힘드셨죠?
정말 죄송합니다. 우리도 공사 소리 들어보니까 정말 시끄러웠어요. 그런대도 참고 기다려주셔서 감사합니다. 명지유치원 동네 이웃들은 정말 좋은 분들인거 같애요.
아프지 말고 건강하세요.

개나리반 어린이들 올림

"우리 유치원 이웃들은 정말 좋은 분들이세요."
"감사한 마음을 편지로 전해요."

- 유아들은 불편함을 감수하고 유치원의 누수 공사를 기다려주신 이웃들께 감사한 마음을 가지고 이러한 마음을 편지로 적어 이웃분들께 전하기로 함.

④ 고마운 마음을 전해요

유치원 마당에서 키운 애호박 수확

현장체험 – 농사학교에서 키운 양파 수확

"우리가 수확한 애호박과 양파로 맛있는 음식을 만들자!"

- 유아들은 감사 편지 외에도 새로운 방법으로 이웃분들께 감사한 마음을 전하기로 계획함. 유아들은 유치원 마당과 농사학교에서 수확한 애호박과 양파를 이용한 '애호박양파전'을 요리하여 이웃분들께 직접 나누기로 함.

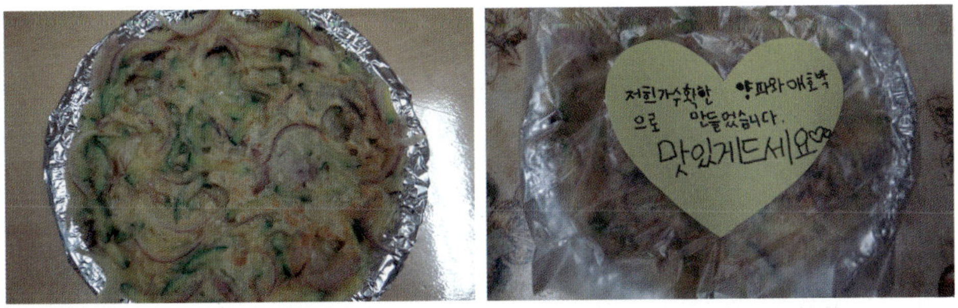

"우리가 만든 애호박양파전을 이웃분들께 전해드려요!"

"저희가 없을 때 많이 시끄러웠죠? 우리가 들어보니 정말 시끄러웠어요."
"기다려주셔서 고맙습니다."
"안녕하세요. 우리가 만든 애호박양파전이에요. 맛있게 드세요."
"고맙다. 잘 먹을게."

▪ 유아들은 자신들이 만든 애호박양파전과 사전에 준비한 감사 편지, 유치원에서 교직원이 준비한 간식을 가지고 직접 이웃집에 방문하여 전달함. 이웃분들은 유치원의 공사로 인해 불편함을 느꼈으나, 유아들이 전하는 감사의 마음에 고마움을 표현하며 호의적인 모습을 보임.

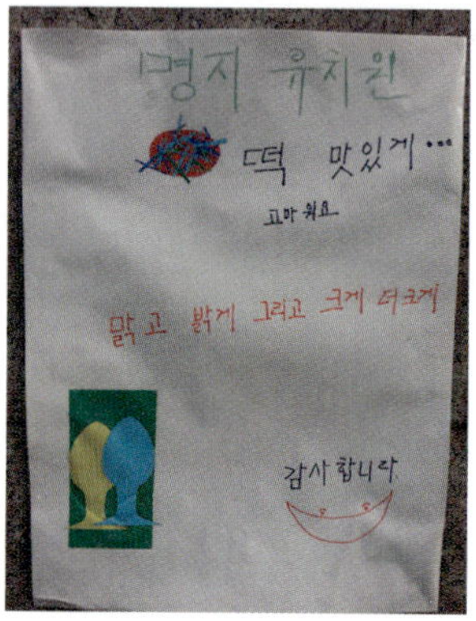

"명지유치원 빈대떡 맛있게... 고마워요. 맑고 밝게 그리고 크게 더 크게 감사합니다."

▪ 유아들이 이웃분들께 감사한 마음을 전달한 다음 날 유치원 골목에 고마운 마음을 담은 이웃분의 편지가 붙어있었음. 등 · 하원 시 편지를 본 유아들과 교사는 이에 대해 이야기를 나누며 답장을 쓰게 됨.

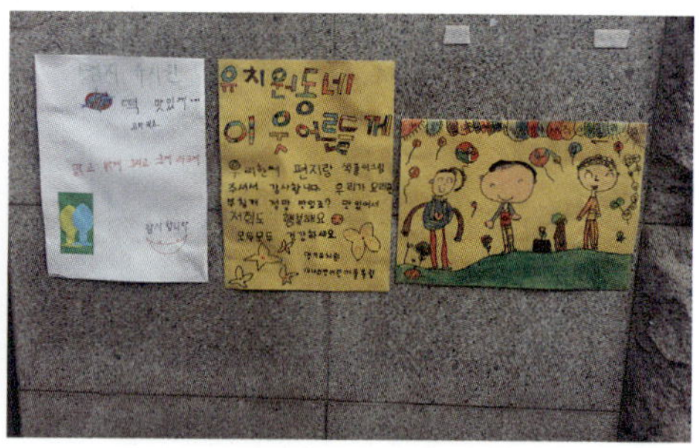

- 이웃분의 편지 옆에 유아들이 만든 그림 편지를 부착하여 답을 전하였고 더 많은 사람들이 공유할 수 있도록 함.
- 이웃분들 뿐 아니라 다른 학급 유아들과 등 · 하원 시 유치원에 오시는 학부모도 관심을 보이며 유아들을 격려하고 주변 이웃분들과 만났을 때 인사를 나누기도 함.

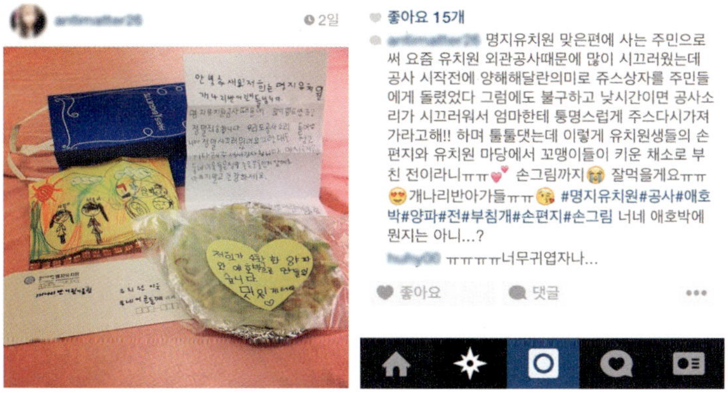

- 얼마 후 우연히 SNS를 통해 본원을 해시태그 한 게시물을 다른 학급 교사가 발견하게 됨. 공사로 인한 소음으로 불편함을 느꼈으나, 유아들이 전한 마음에 고마움을 느끼며 그동안의 과정을 이해해주시는 내용이 담겨있었음.
- 이를 유아들과 공유함으로써 유아들은 주변의 이웃들과 관계를 개선하는데 직접적으로 기여하는 경험을 하게 되었으며, 관계의 따뜻함과 성취감, 보람을 느낌.

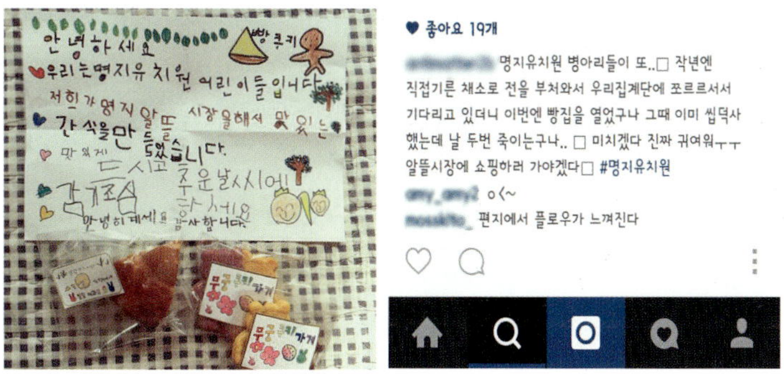

- 이러한 과정을 통해 유아들은 주변 사람들과 긍정적인 관계를 맺고 배려와 감사한 마음을 배우게 되었으며 더불어 살아가는 태도를 기를 수 있었음. 이후 유치원에서 요리를 하거나 행사가 있을 때마다 크고 작은 간식을 나누며 지속적으로 감사한 마음을 이웃분들께 전하며 소통하고 교류함.

'기다려주셔서 고맙습니다'를 마치며...

- 이웃분들이 느낀 불편함을 공감하고, 불편함을 감수하고 기다려준 이웃분들의 배려에 감사하는 마음을 가짐.
- 기다려주신 이웃분들께 감사한 마음을 여러 가지 방법으로 표현해보며 마음을 표현하는 것의 중요성을 인지하고 일상에서 작은 일에도 감사함을 느낌.
- 주변의 이웃들과 관계를 개선하는데 직접적으로 기여하는 경험을 통해 주변 사람들과 긍정적인 관계를 맺고 이웃과 더불어 살아가는 태도를 기름.

- 교사는 공사라는 우연한 상황을 교육의 순간으로 전환하여 바라보며, 다양한 시각으로 삶과 주변을 관찰하려고 노력함.
- 원장, 원감, 교사 간의 수시 협의를 통해 교육적인 가치와 의미를 파악하고 유아의 경험을 기반으로 한, 보다 실제적이고 질 높은 교육과정을 운영할 수 있음.

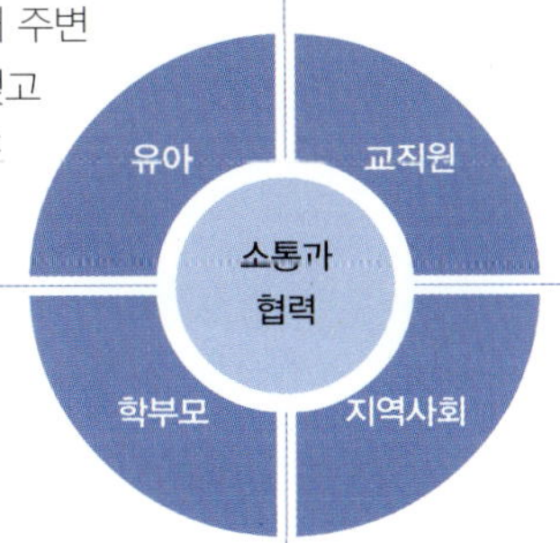

- 가정에서도 우리 주변의 이웃들에게 관심을 가지고 좋은 관계를 맺을 수 있도록 노력함.
- 이웃을 만나면 먼저 반갑게 인사를 하거나 말을 건네는 등 다른 사람과 긍정적인 관계를 맺으며 더불어 살아가는 방법을 유아들에게 모범이 되기 위해 노력함.

- 유치원 공사가 진행되기 전 주변 이웃들을 찾아뵙고 상황을 설명하며 사전에 양해를 구하고 일상에서도 주변 이웃들과 서로 돕고 상호 소통하며 원만한 관계를 형성하기 위한 태도를 기름.
- 편지, SNS 등을 통해 소통하며 요리를 하여 나누거나, 함께 사용한느 골목에 버려진 쓰레기나, 쌓인 눈을 치우는 등 일상에서도 서로 돕고 협력적인 태도를 가지며, 우호적인 관계가 형성됨.

우리 유치원 이웃분들은
정말 좋은 분들이세요.
명지유치원
기다려 주셔서
고맙습니다!

02

소통과 협력으로 만들어가는 독서교육

유아기는 독서의 즐거움을 알아가고 평생의 독서 태도와 습관을 형성하게 되는 시기이다. 이러한 중요한 시기에 독서에 대한 다양하고 긍정적인 경험은 유아가 평생 독서를 즐길 수 있는 인간으로 성장할 수 있도록 한다. 유아 독서교육은 유아가 인격적으로 성숙하고 유능한 인간으로 성장하여 자신과 타인, 세상을 이해하며 자신의 인생을 풍요롭게 살아갈 수 있도록 돕는다. 따라서 유아 독서교육의 중요성을 인식하고 가정, 학교, 사회와 그 구성원이 함께 질 높은 독서교육이 이루어질 수 있도록 노력해야 한다.

책으로 만나는 세상

1 책으로 만나는 세상

'책으로 만나는 세상'의 시작 배경

방과후과정 학급의 유아와 부모는 많은 시간을 서로 분리되어 지내기에 유아와 부모 모두에게 더욱 특별한 관심과 지원이 필요하다. 특히 만 3~4세 유아들의 학년 초 유치원 적응 과정에는 정서적 지원이 필요하며, 방과후과정 학급에는 맞벌이 가정에서 부족할 수 있는 경험과 지원이 무엇인지 파악하고 이를 보완해줄 수 있는 교육을 제공해야 한다.

교사는 학년 초 유아 관찰과 학부모 상담을 통해 학급 유아들의 흥미와 요구, 유치원 교육에 대한 학부모의 기대 등을 파악하며, 방과후과정 학급의 배경과 특성을 고려한 유아의 책 읽기 지원 방안을 고민하게 되었다. 그러던 중 방과후과정 종일제 학급을 맡았던 선배교사와 지원 방안에 대해 협의하며 종일제 학급에서 진행되었던 수업 사례를 공유하게 되었다. 학년 초 방과후과정 유아들의 적응을 돕기 위해 부모님의 그림책 녹음을 진행하였고, 초등학교 사서인 학부모님의 녹음을 시작으로 부모님이 들려주시는 그림책을 유치원에서 들을 수 있도록 지원해 주었다. 이 당시에는 부모님의 참여가 저조하여 한 학기 동안 6-7회 정도의 그림책 녹음으로만 마무리되었다. 또한 성우인 학부모님께서 재능기부의 일환으로 그림책을 녹음하여 제공해줌으로써 유아들의 책 읽기를 지원해 준 경우도 있었다.

선배교사와의 심도 있는 협의를 토대로 교사는 방과후과정 종일제 학급의 유아와 부모를 함께 지원하며 유아의 책 읽기를 활성화하기 위해 「부모님께서 들려주시는 재미있는 그림책」을 계획하여 실행하게 되었으며, 유아들은 점차 책과 책 읽기에 대한 관심과 요구가 높아지게 되었다. 교사는 유아들의 관심과 요구를 바탕으로 유아기에 즐거운 독서의 경험을 할 수 있도록 가정, 지역사회와 소통하고 협력하며 다양한 지원을 시작하게 되었다.

'책으로 만나는 세상' 한눈에 보기

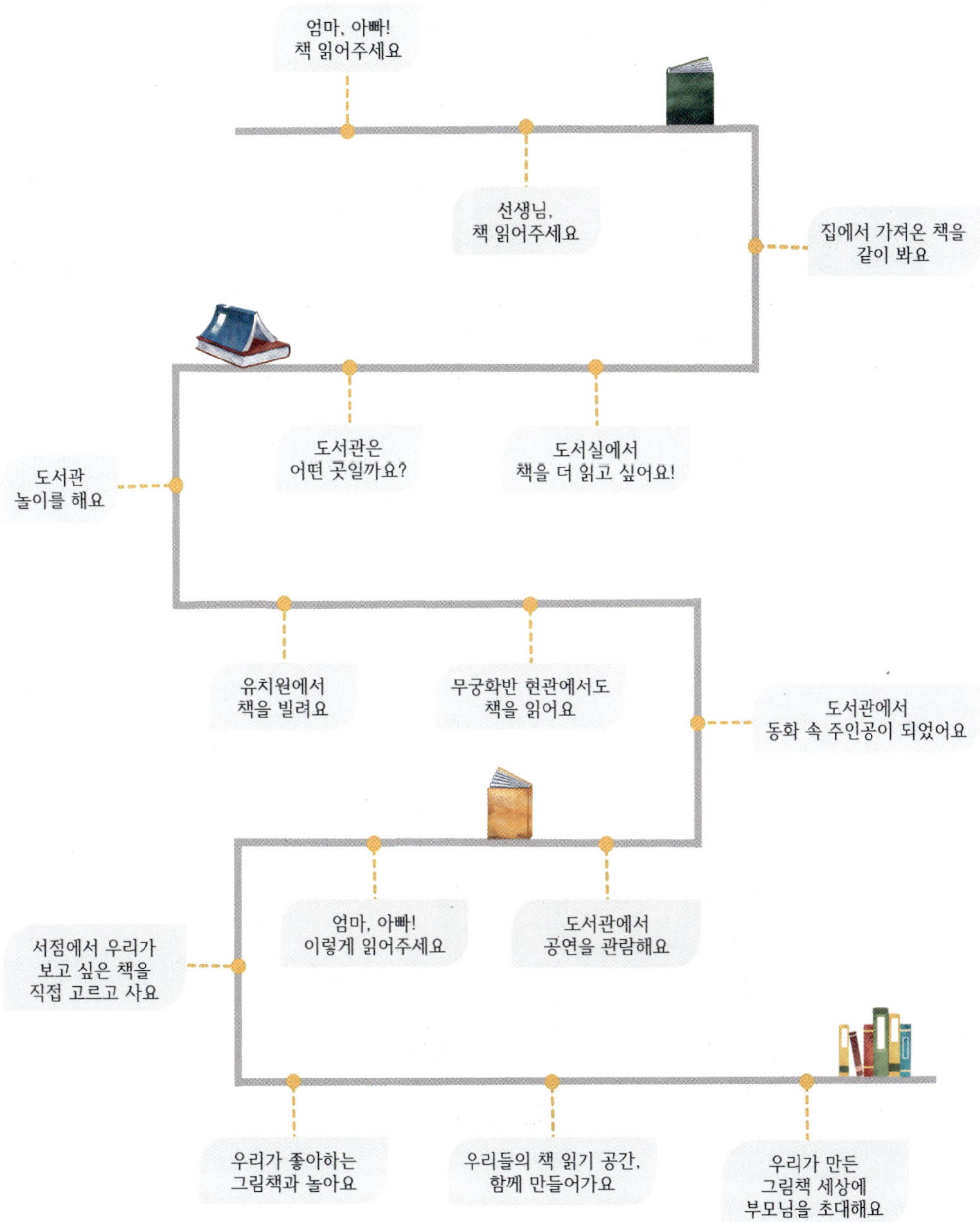

'책으로 만나는 세상' 들여다보기

❶ 엄마, 아빠! 책 읽어주세요

학부모 오리엔테이션을 통한
「부모님께서 들려주시는 재미있는 그림책」에 대한 안내

- 학년 초 유아들의 책 읽기에 대한 흥미와 요구, 상담을 통해 파악한 유치원 독서교육에 대한 학부모의 기대를 바탕으로 유아들과 함께 가정과 연계한 독서교육 「부모님께서 들려주시는 재미있는 그림책」을 계획하여 학부모 오리엔테이션을 통해 안내함.

「부모님께서 들려주시는 재미있는 그림책」
순서를 정하기

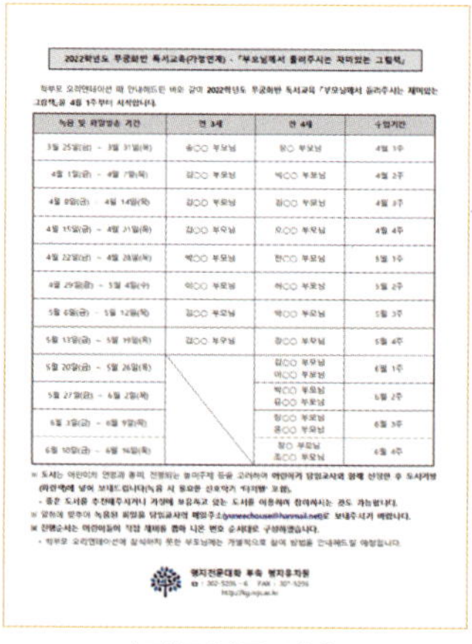

가정통신문 발송

- 「부모님께서 들려주시는 재미있는 그림책」이 진행될 순서를 유아들과 의논한 방법으로 정한 후 가정통신문으로 일정과 방법을 안내함.

"무슨 책이 좋을까?"

녹음할 그림책과 신호 악기, 도서 가방

- 매주 금요일 2명의 유아가 교사와 함께 선정(유아의 발달과 흥미, 진행되고 있는 놀이 등을 고려)한 그림책을 신호 악기(터치벨)와 함께 도서 가방에 담아 가정으로 가져감.
- 부모는 주어진 일주일 동안 휴대전화의 녹음기능을 이용하여 부모 및 그림책 소개, 그림책의 내용, 전하고 싶은 이야기 등을 녹음한 뒤 파일을 담임교사의 이메일로 전송함.

부모의 그림책 녹음 파일을
CD로 제작하여 그림책과 함께 제공

「부모님께서 들려주시는 재미있는 그림책」
환경

「부모님께서 들려주시는 재미있는 그림책」을 위해 제작된 CD

- 교사는 유아들이 「부모님께서 들려주시는 재미있는 그림책」을 들을 수 있는 공간을 언어영역 옆에 별도로 마련하고, 이메일을 통해 전송받은 그림책 녹음 파일을 CD로 제작하여 그림책과 함께 제공함.

CD와 CD Player 사용 방법 안내하기

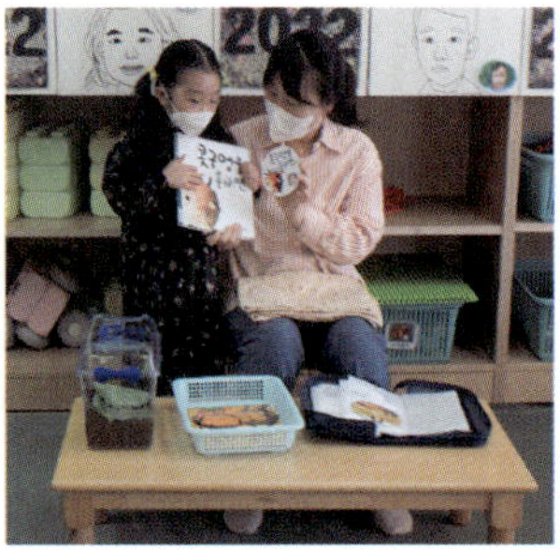

「부모님께서 들려주시는 재미있는 그림책」 소개하기

- 교사는 「부모님께서 들려주시는 재미있는 그림책」이 진행되기 전 유아들에게 CD와 CD Player 사용 방법을 안내하고, 매주 월요일 오전 해당 유아들이 친구들에게 부모님께서 녹음해주신 그림책과 CD를 소개할 수 있도록 지원함.

「부모님께서 들려주시는 재미있는 그림책」 듣기

- 유아들은 마련된 공간에서 등 · 하원, 자유놀이, 점심 식사 후, 휴식 전 · 후 시간 등 일과 중 자유롭게 그림책을 즐겨 봄.

가정과 연계한 독서교육 – 부모님께서 들려주시는 재미있는 그림책

연 령	도 서 명	도와주신 부모님
만 3세	기린 목이 쭈욱 (글·그림: 민트래빗 플래닝/ 민트래빗)	박○○ 부모님
만 4세	사랑스러운 버니 (글·그림: 크리스틴 A. 롬바르디 / 키즈엠)	전○○ 어머님

가정통신문에 안내된 「부모님께서 들려주시는 재미있는 그림책」의 내용

- 「부모님께서 들려주시는 재미있는 그림책」의 진행 과정과 내용을 가정에서도 알 수 있도록 매주 가정통신문을 통해 유아들이 본 그림책의 정보와 도와주신 부모님을 안내함.

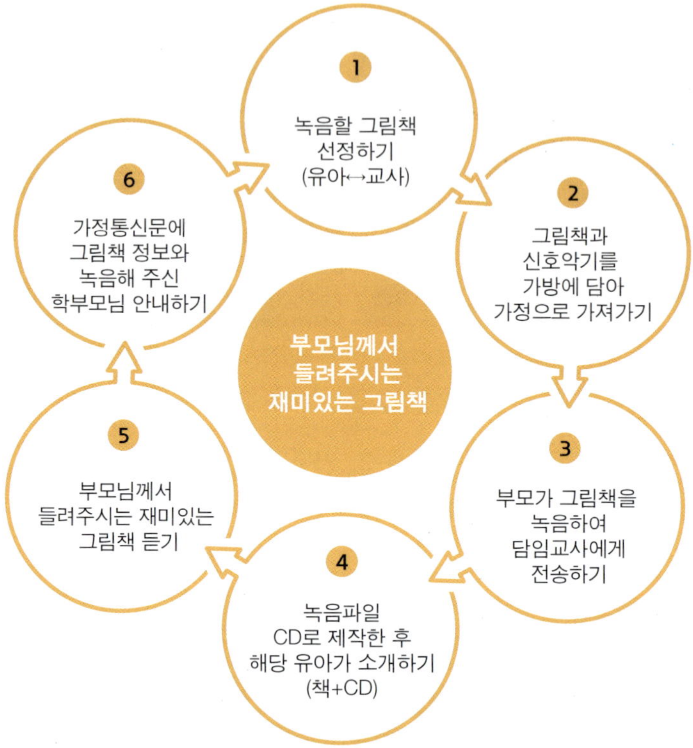

「부모님께서 들려주시는 재미있는 그림책」의 진행 과정

② 선생님, 책 읽어주세요

〈등원 시간 중 교사의 책 읽어주기〉

〈자유놀이 시간 중 교사의 책 읽어주기〉

〈휴식 전 교사의 책 읽어주기〉

〈하원 시간 중 교사의 책 읽어주기〉

일과 중 교사와 함께 그림책을 읽는 유아들

- 교사는 유아가 그림책 읽어주기를 요구하는 순간에 좀 더 민감하게 반응하며 개별 또는 소집단의 형태로 유치원 일과 중 지속적으로 그림책을 읽어줌.

교사의 그림책 읽어주기에 대한 교사 협의

- 교사의 그림책 읽어주기에 대한 유아의 관심과 요구가 높은 만큼 자유놀이 시간에 교사들이 역할을 분담하여 지속적으로 그림책을 읽어주기로 협의함.

③ 집에서 가져온 책을 같이 봐요

집에서 가져온 책을 소개하고 친구와 함께 읽는 유아

- 교사와 부모의 그림책 읽어주기가 지속되며 유아들의 책과 책읽기에 대한 흥미가 높아짐.
- 유치원에 있는 책 외에 유아가 가정에서 재미있게 읽었던 책을 유치원에 가져와 친구들과 함께 보고 싶어 하였으며, 가정에서 가져온 책을 친구들에게 소개하고 공유하며 유치원에서 함께 읽음.

④ 도서실에서 책을 더 읽고 싶어요

휴식 후 도서실에서 친구, 교사와 함께 그림책을 읽는 유아들

- 하원 시간에 도서실에서 책을 읽으며 보호자를 기다리나 도서실로 이동한 지 얼마 되지 않았을 때 귀가하는 경우, 유아들이 충분히 책을 읽지 못해 집에 가기를 거부하거나 책을 다 읽고 가기 위해 귀가가 늦어지는 상황이 발생함.
- 유아들과 의논하여 도서실에서 책 읽기가 오후 일과 시간 내 진행될 수 있도록 조정함으로써 모든 유아들이 도서실에서 책 읽기를 충분히 즐길 수 있게 됨. 교사의 역할 또한 조정하여 도서실에서 유아들의 책 읽기를 적극적으로 지원할 수 있도록 함.

⑤ 도서관은 어떤 곳일까요?

도서실에서 일어난 문제 상황 – 도서실에서 장난을 치거나 책 정리를 하지 않은 모습

- 유치원 도서실을 이용할 때 책을 읽기보다는 장난을 치거나 책을 읽고 난 후 제자리에 정리하지 않는 문제들이 발생하기 시작함. 이에 교사는 유아들과 문제 상황을 공유하였으며, 도서실의 바른 이용 방법에 대해 안내하고 의논함.

어린이 도서관 현장체험 I – 도서관에서 지켜야 할 약속이 있어요!

- 유치원 도서실에서의 경험을 바탕으로 유아들이 도서관이라는 새로운 공간을 통해 책을 만나고 도서관의 바른 이용 방법을 배울 수 있도록 어린이 도서관 현장체험을 계획하여 진행함.

사서교사가 읽어주는 재미있는 그림책

도서관에서 책 읽기(자율 독서)

도서관에서 책을 빌려요!

- 유아들은 어린이 도서관 현장체험을 통해 사서교사와 새로운 관계를 맺고 책과 관련된 다양한 경험을 하게 됨. 또한 도서관에 대해 궁금한 것들을 사서교사에게 직접 묻고 답을 들으며 도서관의 기능과 사서교사의 역할 등에 대해 이해할 수 있었음.

⑥ 도서관 놀이를 해요

"여기에 도서관을 만들 거예요!"

"책상도 있어야 해!"

"여기에 책을 가져와서 읽을 수 있어요!"

- 도서관에 현장체험을 다녀온 유아들은 교실의 빈 공간에 블록으로 책상을 만들고 의자와 책을 가져다 놓으며 서로 협력하여 도서관을 구성하기 시작함.

"우리가 도서관을 만들었다고 알려주자!"
"맞아! 도서관 표시가 있어야지!"

"여기가 이제 책놀이방이야!"

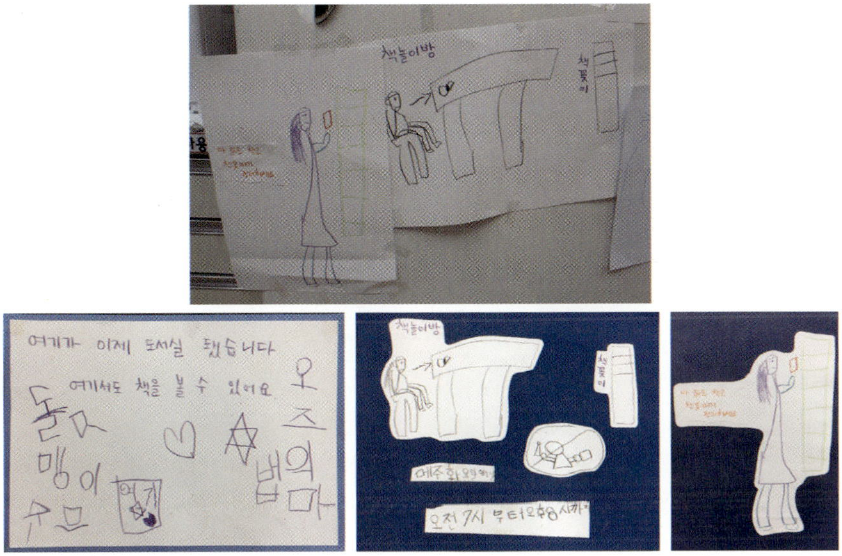

유아들이 만든 도서관 안내표시

- 유아들은 도서관에서 보았던 여러 안내표시를 회상하며 자신들이 구성한 공간을 알리기 위해 그림을 그리고 글씨를 써 붙여 친구들에게 안내함. 이 때 교사는 유아들의 주도적인 도서관 놀이를 관찰하며 놀이가 지속 · 확장될 수 있도록 다양한 지원을 함.

"책을 빌리려면 여기로 주세요!"

"여기서 바코드를 찍어야 해요!"

도서관에서의 경험을 놀이로 표현하는 유아들의 모습

- 유아들은 도서관 놀이를 하며 도서관 현장체험에서 경험한 사서와 이용자의 역할과 도서관에서 책 빌리기 등의 경험을 놀이로 표현하기 시작함.

⑦ 유치원에서 책을 빌려요

도서대여 프로그램 오리엔테이션

그림책을 고르고 대여하는 유아들의 모습

- 도서관 현장체험에서 그림책을 대여했던 과정에 많은 관심을 보였던 유아들은 이를 도서관 놀이에서 표현함. 유아들의 경험과 연계하여 이 시기 유치원에서도 도서대여 프로그램이 시작되면서 유아들은 유치원에서 자신이 보고 싶은 그림책을 직접 선정하여 빌리는 경험을 지속적으로 할 수 있었음.

본원의 도서대여 프로그램 운영방법

연령	이용	운영방법
만 3세	off-Line	• 도서실에서 교사와 함께 선택한 책을 대여합니다(주1회 1권).
만 4세		• 도서실에서 교사와 함께 선택한 책을 대여합니다(주1회 2권).
만 5세	on-line + off-line	• 부모님과 함께 온라인에서 예약한 책을 대여합니다(주1회 1권). • 유아 스스로 도서실에서 선택한 책을 대여합니다(주1회 1권). ※ 따라서 온라인으로 예약한 어린이는 1주일에 2권의 도서를 대여할 수 있습니다.
※ 온라인 도서 예약 서비스는 만 5세 어린이만 이용 가능합니다.		

- 만 3~4세인 무궁화반 유아들은 매주 목요일에 교사와 함께 도서실에 가서 자신이 보고 싶은 책을 골라 만 3세는 1권, 만 4세는 2권씩 대여함. 대여한 책은 가정에서 부모님과 함께 읽은 뒤 다음 주 월요일에 반납 함.
- 월요일이 되어 유아들이 대여한 도서를 반납할 때 교사가 확인하면 매주 몇몇의 유아들은 대여해간 도서를 부모님과 함께 읽지 못하고 다시 가져오는 경우가 발생함. 유아들이 가정에서 부모님과 함께 읽을 생각으로 도서를 선정하여 가져가도 관심을 받지 못하거나 유아 혼자 보고 부모님께서 함께 읽어주시지 않는 경우가 많다는 것을 알게 됨.
- 교사는 보다 내실 있는 도서대여 프로그램을 운영할 수 있는 방법에 대해 고민하며 교사 협의를 통해 도서대여 프로그램의 운영방법을 변경하기로 함.

무궁화 반의 변경된 도서대여 프로그램의 운영방법

구 분	도서 대여일	도서 반납일
	매주 목요일	매주 월요일
변경 전	유아가 직접 도서실에 가서 자신이 보고 싶은 책을 선정하여 대여한 후 당일 가정으로 가져감	유아가 등원 시 반납 도서를 가져오면 교사가 일괄적으로 반납 처리함
변경 후	월요일에 미리 대여한 도서를 목요일까지 교실에 두고 본 뒤 가정으로 가져감	유아가 직접 도서실에 가서 자신이 대여한 도서를 반납 처리한 후 목요일에 가정으로 가져갈 도서를 미리 대여함

- 반복 읽기를 즐기는 유아들의 특성을 고려하여 도서대여 프로그램의 운영방법을 변경함. 교사는 유아들이 직접 반납과 동시에 목요일에 가져갈 도서를

월요일에 미리 대여할 수 있도록 함. 대여한 도서는 교실에 두고 목요일까지 4일 동안 교사 또는 또래 친구들과 함께 유치원에서 보고 가져갈 수 있도록 함. 교사들은 유아들이 대여한 도서를 하루 일과 속에서 책을 읽어줄 기회가 생길 때마다 개별 또는 소집단으로 읽어주었으며, 그림책의 크기와 유아의 요구에 따라 대집단으로 읽어주기도 함.

- 교사들은 유아들에게 책을 보며 할 수 있는 다양한 상호작용과 간단한 놀이를 보여주며 친구 또는 부모와 함께 해볼 수 있도록 지원함. 이후 유아들은 대여한 도서를 가정으로 가져가 부모에게 먼저 자신이 빌려온 책에 대해 보다 적극적으로 이야기하며 자연스럽게 부모와 함께 책을 읽는 시간을 가지게 됨.

⑧ 무궁화반 현관에서도 책을 읽어요

자유놀이 시간에 현관에서 책을 읽고 있는 유아

- 교사는 현관에서 자발적으로 책을 읽고 있는 유아를 관찰한 후, 교실로 들어와 책을 볼 것을 제안함. 유아들이 필요한 곳에 독서환경을 조성할 수 있는 계기가 될 수 있는 순간이었으나, 이를 이후 평가를 통해 알게 되어 다시 유아의 이야기를 들어보기로 함.
- 해당 유아는 자유놀이 시간에 자발적으로 책을 읽기에 조금 더 조용하고 아늑한 장소로 현관을 선택한 것이었음. 교사는 해당 유아의 이야기를 다른 유아들과 공유하며 현관을 '책 읽는 장소'로 활용하는 것에 대해 의논함.

현관을 '책 읽는 장소'로 구성하기 위해 서로 협력하는 유아들의 모습

- 유아들은 책을 볼 수 있는 장소로 현관을 활용하는 것에 대해 적극 동의하였으며, 서로의 의견을 나누고 협력하며 현관을 재구성하는데 참여함. 유아들은 현관을 꾸미는 데 필요한 책장과 책상, 애벌레 모형의 의자까지 추가로 찾아 배치하였으며 교사들은 이를 지원함.
- 유아들은 이곳에 가정으로 가져갈 대여도서를 비치하기로 하였으며, 매주 유아들이 스스로 선정한 대여도서로 책들이 마련되는 독서환경이 되었음.

서로 협력하여 구성한 독서환경(현관)에서 책을 읽는 유아들의 모습

- 유아들은 자신들이 스스로 협력하여 구성한 새로운 독서환경인 현관에서 책 읽기를 즐겼으며, 교사 또한 이 공간에서 유아들의 책읽기를 지원하게 됨.

⑨ 도서관에서 동화 속 주인공이 되었어요

- 3차원 놀이 체험을 할 수 있는 '체험동화마을「3차원 동화나라로 쏙!」'이라는 유아 프로그램을 통해 두 번째 도서관 현장체험이 이루어짐. 유아들은 스크린과 관련 시설이 꾸며진 공간에서 동화 속 주인공이 되어 볼 수 있었음.

강사로부터 체험에 대한 안내를 받는 유아들의 모습

동화 '아기 도깨비와 혹부리 영감님' 속
아기 도깨비가 된 유아들의 모습

친구들이 주인공으로 나오는 동화를 보는 유아들의 모습

⑩ 도서관에서 공연을 관람해요

- 세 번째 도서관 현장체험에서는 '가정의 달'을 기념하며 지역 도서관에서 봉사자(색동어머니 동화구연가회)들이 준비한 특별동극공연「숲속의 친구들」을 관람함.

동화 구연 '숨 쉬는 항아리'

율동 '춤추는 새'

동극 '숲속의 친구들'

- 유아들이 현장체험을 통해 도서관에서 다양한 책을 읽고 빌리는 경험 외에도 여러 가지 프로그램에 참여하며 문화생활을 누리는 경험을 할 수 있게 됨. 그 결과 도서관을 더욱 친숙하게 느끼게 되었으며 즐거운 곳이라는 긍정적 인식을 가질 수 있었음.

도서관에서 공연 관람 후 공연놀이를 하는 유아들의 모습

- 도서관에서의 경험은 그대로 놀이에 반영되어 자유놀이 시간에 무대를 구성하며 공연을 준비하고, 역할(배우, 해설, 감독, 관객 등)을 정해 공연을 하는 모습 등이 관찰됨.
- 교사는 그동안 진행된 지역사회와 연계한 독서교육의 내용을 사진과 함께 홈페이지를 통해 부모에게 안내함으로써 유아들의 경험을 가정과 공유함. 유치원에서의 경험을 바탕으로 가정에서도 지역사회 도서관에 관심을 가질 수 있도록 지원하였으며 그 결과, 유아와 부모가 함께 가까운 지역사회 내 어린이 도서관에 관심을 가지고 주말을 활용해 이용하게 됨.

⑪ 엄마, 아빠! 이렇게 읽어주세요

- 1주에 2명씩 12주에 걸쳐 진행된「부모님께서 들려주시는 재미있는 그림책」을 마무리하며 동료교사들과 협의를 통해 그동안 관찰되었던 유아들의 반응을 공유하고 평가하는 시간을 가짐.
- 가정과 연계한 독서교육 방안인「부모님께서 들려주시는 재미있는 그림책」은 맞벌이 가정의 부모가 시간의 제약이나 부담 없이 자녀의 독서교육에 모두 참여할 수 있었다는 평가를 받음. 또한 유아는 유치원에서 언제든지 부모의 목소리로 들려주는 책을 읽을 수 있어 정서적인 안정과 더불어 책 읽기에 대한 긍정적인 인식과 경험을 할 수 있었음.

「부모님께서 들려주시는 재미있는 그림책」 평가하기

- 교사들은 평가를 바탕으로 유아들이 책에 더욱 관심을 가지고 지속적으로 책 읽기를 즐길 수 있도록 유아들에게도 직접 평가할 수 있는 기회를 제공하고 유아들의 요구와 의견을 적극 반영하기로 함.

좋았던 점

- 엄마(아빠)가 동화를 들려주니까 좋아요.
- 엄마랑 누나랑 같이 들려줘서 좋았어요.
- 동화가 더 재미있었어요.
- 글씨를 몰라도 책을 읽을 수 있어요.
- 엄마(아빠)가 인사해줘서 좋았어요.
- 목소리가 재미있었어요.
- 다른 친구들의 엄마, 아빠가 읽어주는 책도 볼 수 있었어요!

바라는 점

- 다음에는 나도 아빠(엄마, 형님)와 같이 녹음하고 싶어요!
- 누구 엄마(아빠)인지 인사해 주세요.
- 재미있는(여러 가지) 목소리로 들려주세요.
- 좀 더 신나는 목소리로 들려주세요.
- 종소리가 너무 커서 귀가 아파요.
- 천천히 들려주세요.
- 내가 좋아하는 책으로 또 들려주세요.

「부모님께서 들려주시는 재미있는 그림책」에 좋았던 점과 바라는 점이 있어요!

- 유아들과 평가한 결과 「부모님께서 들려주시는 재미있는 그림책」에 대부분 어머니의 참여가 많았고, 이는 교사들도 공감하는 부분이었음. 따라서 2학기에는 아버지의 참여를 독려하고 유아들의 형제와 본인 참여 등 다양한 가족 구성원이 참여할 수 있도록 계획하기로 함.
- 유치원에서 선생님과 고른 책 외에 가정에서 재미있게 읽었던 책 중에 친구들과 함께 듣고 싶은 책을 부모님께서 녹음해주시면 좋겠다는 의견도 있었음. 이후 유아들이 가정에서 가져온 책을 보고 함께 선정하는 과정에서 교사는 유아들이 가지고 있는 책의 종류와 수준, 좋아하는 그림책에 대해 정보를 파악하며 지원할 수 있었음.
- 유아들의 다양한 의견은 하원 시간이나 전화통화를 통해 해당 부모에게 개별적으로 전달하거나 가정통신문, 수업사례 공개 등을 통해 전체적으로 안내함으로써 유아들의 의견이 적극 반영될 수 있도록 가정과 소통하고 협력함. 이를 통해 「가족이 함께 들려주는 재미있는 그림책」으로 발전할 수 있었음.

⑫ 서점에서 우리가 보고 싶은 책을 직접 고르고 사요

- 교사는 유아들이 친구들과 함께 읽기 위해 가정에서 가져온 책을 보고 상호작용하면서 책의 종류와 구입처에 대한 정보를 파악할 수 있었음. 유아들이 집에서 가져오는 책은 대부분 전집 중에 일부이거나 단행본이라 하더라도 부모가 자녀에게 도움이 되거나 자녀가 좋아할만한 책을 온라인을 통해 구입해준 경우가 많았음.
- 교사협의와 유아들의 이야기를 통해 교사는 책에 대한 관심과 흥미가 높아진 유아들이 자신이 읽고 싶은 책을 직접 고르고 그 선택을 존중받아 직접 구입해보는 경험을 해보는 것이 필요하다고 판단함. 이에 지역사회와 연계한 독서교육으로 동네서점에서 그림책을 구입해보는 '서점 나들이' 활동을 계획함.
- 유아들이 직접 가서 책을 보고 골라 살 수 있는 적절한 환경이 동네서점을 찾는 것에 다소 어려움을 느낀 교사는 이 문제를 교직원과 공유하였으며, 그 결과 유아들이 방문할 수 있는 유치원 인근의 동네서점을 찾을 수 있었음.

현장체험 답사 – ○○문고

- '서점 나들이'는 유아들이 휴식을 마친 오후에 교사 1명과 4~5명의 유아가 함께 사전에 계획한 동네서점에 가서 책을 충분히 탐색하고 골라 구입할 수 있도록 진행됨. 사전에 서점측과 충분히 협의하여 계획하고, 유치원의 교직원들은 각자의 역할에 맞게 어린이들의 '서점 나들이'가 교육적 의미에 맞게 원활히 진행될 수 있도록 소통하고 협력함.

서점 나들이 활동 내용

순서	활동 내용
1	서점에서 지켜야 할 예의와 질서, 사고 싶은 책에 대해 이야기를 나눈다.
2	서점을 둘러보며 다양한 책을 탐색한다.
3	자신이 읽고 싶은 책을 골라 자유롭게 본 후 제자리에 정리한다.
4	구입하고 싶은 책을 교사와 함께 고르고 구입한다.
5	유치원에 돌아와 자신이 구입한 책을 친구들에게 소개하고 공유한다.

동네서점으로 이동하는 유아들의 모습

"여기 ○○문고라고 써 있어!"

서점 입구에 전시된 '그림책 표지 작품'을 감상하는 유아들의 모습

"넌 무슨 책을 골랐어?"

"나 이 책 사고 싶었어!"

직접 고른 책을 읽어보고 구입하는 유아들의 모습

동네 서점에서 구입한 책을
친구들에게 소개하기

- '서점 나들이'를 통해 동네서점에서 그림책을 구입하여 공유하는 과정은 유아들의 가정에서 부족했던 생활 경험을 보완하는 동시에 다양한 책에 대한 호기심과

독서의 적극성을 얻을 수 있는 기회가 됨. 유치원에서의 지원이 유아와 더 나아가 부모에게 자극이 되어 가정에서도 자녀와 서점을 방문하여 책을 구입하는 등 독서교육이 자연스럽게 이루어지고 지속되는 계기가 되었음.

⑬ 우리가 좋아하는 그림책과 놀아요

- 유아가 책을 좀 더 깊이 이해하고 의미 있는 경험을 할 수 있도록 다양한 놀이와 활동을 통해 지원할 수 있음. 교사 협의를 통해 유아들의 책에 대한 높은 관심과 흥미를 반영하여 책의 내용과 관련된 생각을 다양한 방법과 형태로 표현할 수 있는 기회를 제공하기로 함.
- 교사는 그동안 유아들이 유치원에서 읽었던 그림책 중에 가장 재미있었거나 좋아하는 책을 1권씩 가지고 모일 수 있도록 안내한 뒤 가지고 온 책을 소개하며 좋아하는 이유에 대해 이야기 나눌 수 있는 시간을 제공함. 유아들이 가지고 모인 책은 교사가 언어영역에 제공해준 책, 부모님께서 녹음해서 들려주신 책, 가정에서 가지고 온 책, 도서실에서 빌려온 책, 서점에서 사온 책 등 다양했음.
- 교사는 유아들이 좋아하는 책에 대한 정보를 얻을 수 있었고, 유아들은 자신이 본 책의 내용을 간단히 소개하며 좋아하는 책을 통해 서로 공감대를 형성하거나 미처 보지 못한 책에 관심을 가지고 찾아 볼 수 있는 계기가 되었음. 교사는 유아들이 각자 소개한 책을 교실에 비치해놓고 함께 볼 수 있도록 지원함.

우리가 좋아하는 책을 뽑아요!

- 이후 유아들이 공통적으로 좋아하는 책을 선정하여 책과 관련된 놀이나 활동을 계획해 볼 수 있도록 함. 교사는 유아들이 소개했던 책을 바닥에 펼쳐놓고 그 중 자신이 좋아하는 책 3권에 각각 블록 1개씩을 쌓는 방법으로 유아들이 가장 좋아하는 책을 선정함.

유아들이 선정한 가장 좋아하는 그림책과 함께 의논하여 진행된 독후활동

도서명	도서 내용	진행된 독후활동
꺽다리 물고기 거꾸리 물고기 (글: 앨런 듀런트, 그림: 앤트 파커, 출판: 한국프뢰벨)	작은 연못에서 살고 있는 몸집이 커다란 물고기가 갈매기에게 넓은 바다 이야기를 듣고 바다를 찾아 모험을 한 뒤 다시 연못으로 돌아와 자신이 살던 곳의 소중함을 알게 되는 내용	• 모래놀이하기 – 동화 속 물고기가 연못에서 바다로 가는 길 만들기 • 동화 및 동극의 배경 만들기 • 막대동화 「꺽다리 물고기 거꾸리 물고기」 감상하기 • 막대 인형극 및 동극하기 「꺽다리 물고기 거꾸리 물고기」
빤짝이와 배고픈 상어 (글/그림: 폴 코르, 출판: 뜨인돌어린이)	세상에서 가장 작은 은빛 물고기 빤짝이가 배고픈 상어를 만나 위험에 처했을 때 친구인 아기 고래가 빤짝이를 구해주는 내용	• 동화 속 주인공 만들기 – 빤짝이와 아기 고래, 배고픈 상어 • 동화의 이야기를 노래로 만들기 – 노래 「빤짝이와 배고픈 상어」 (원곡: 상어가족) • 노래 「빤짝이와 배고픈 상어」 율동 만들기 • 또 다른 빤짝이 이야기 듣기 – 동화 「꼬마 물고기 빤짝이」 • 빤짝이에게 해주고 싶은 말 전하기 • 빤짝이 가족과 아기 고래 가족 만들기 • 교실에 그림책 세상 꾸미기

〈꺽다리 물고기 거꾸리 물고기〉

모래놀이 – 연못에서 바다로 가는 길 만들기

동화 및 동극의 배경 만들기

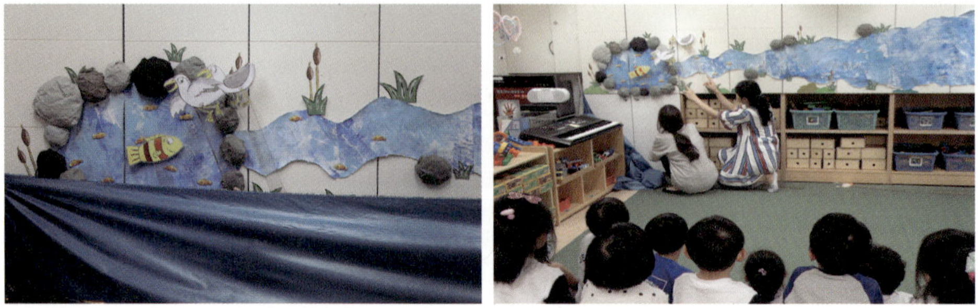

막대동화 「꺽다리 물고기 거꾸리 물고기」 감상하기

동극 및 막대인형극 하기
「꺽다리 물고기 거꾸리 물고기」

〈빤짝이와 배고픈 상어〉

동화 속의 주인공들을 만드는 유아들의 모습

노래 및 율동 – 빤짝이와 배고픈 상어

유아들이 완성한 그림책 세상
- 교실입구로 올라오는 계단 벽면과 교실 창문에 독후활동 작품을 게시

- 그림책 한 권에서 심화 · 확장된 독후활동 외에도 교사는 유아들이 책과 더 깊이 있게 만날 수 있도록 유아의 책 읽기를 관찰하며, 유아의 목소리를 듣고 독후활동에 반영함. 또한 독서의 즐거움을 더하는 독후활동을 유아들과 함께 계획하여 진행하며 그림책과 유아들의 책 읽기가 독후활동의 수단이 되지 않도록 경계하며 지속적으로 노력함.

⑭ 우리들의 책 읽기 공간, 함께 만들어가요

- 유치원에서 오랜 시간을 보내는 방과후과정 학급의 유아들에게는 교육과정 학급보다 더욱 다양하고 많은 책이 제공되고 있으며, 유아들은 학급 내 풍부한 읽을거리에 자연스럽게 책 읽기를 즐기게 되었고, 하루일과 중 교실 곳곳에서 지속적으로 책을 읽는 모습이 관찰됨.

언어영역1

언어영역2

- 기존 무궁화반의 책 읽기 공간은 교사가 제공해준 책을 읽는 언어영역1(노란색 음영 표시)과 「부모님께서 들려주시는 재미있는 그림책」을 듣는 언어영역2(노란색 음영 표시)가 마련되어 있었음.

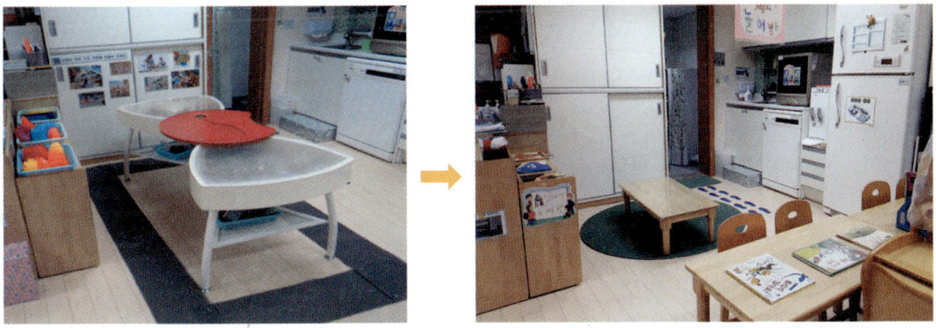
유아와 함께 조성한 독서환경1

- 봄이 되어 마당에서 모래놀이가 시작되면서 유아들과 의논하여 교실에 있던 모래(특수모래)놀이영역을 정리함. 이 곳에 유아들이 도서관을 만들자고 제안하여 책을 읽으며 도서관 놀이를 할 수 있는 공간으로 유아들과 함께 조성한 독서환경1(언어영역3-초록색 음영 표시)이 구성됨.

유아와 함께 조성한 독서환경2

- 유아들이 현관에 책을 읽을 수 있는 공간을 만들고 도서실에서 대여한 도서를 비치하면서 자연스럽게 유아들과 함께 조성한 독서환경2(언어영역4-초록색 음영 표시)가 마련됨.

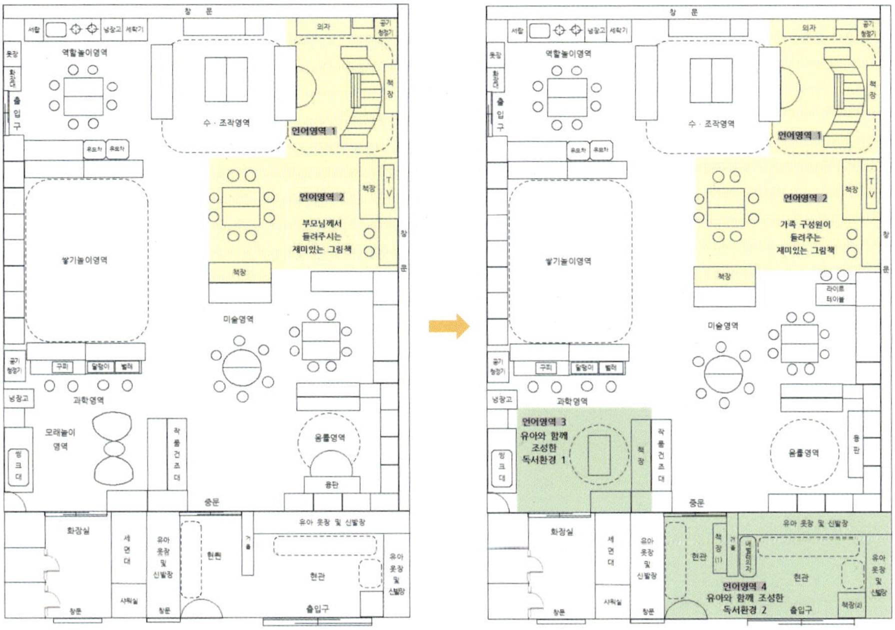

유아와 함께 조성한 독서환경 마련 전 · 후 무궁화반의 교실 환경구성 평면도

- 유아들이 서점에서 책을 구입하여 오면서 교실에는 읽을거리가 풍성해진 반면, 책 정리가 잘 안되거나 유아들이 원하는 책을 찾기 어려운 상황이 반복적으로 발생함.

의논하기 – 교실 책 읽기 공간의 문제점과 해결방법

▪ 교사는 유아들이 도서관과 서점에서의 경험을 바탕으로 이러한 문제 상황을 해결해 볼 수 있도록 유아들이 인식한 문제점과 불편했던 점을 공유하고 해결방안을 함께 찾을 수 있도록 지원함.

유아들이 책을 정리하기 위해 의논한 내용

책 분류 기준	정리장소(책장)	정리표시	유아들이 지은 영역 이름
선생님이 주신 책	언어영역1		
부모님이 녹음해주신 책	언어영역2	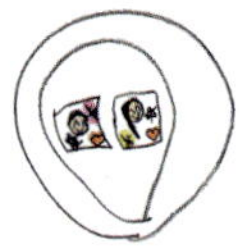	
집에서 가져온 책	언어영역3		
서점에서 사온 책	언어영역4(1)		
도서실에서 빌린 책	언어영역4(2)		

책을 옮기고 분류하는 유아들의 모습

정리표시를 제작하고 책에 부착하는 유아들의 모습

정리표시가 부착된 책

책 읽기 공간의 이름 짓고 간판 만들기

- 유아들은 문제를 해결하기 위해 의논하는 시간을 가지고, 도서관과 서점처럼 책을 나눠서 정리하기 위한 분류기준을 정하고 정해진 분류 기준에 따라 책을 정리할 위치를 결정하였음. 또한 누구나 알 수 있도록 그림으로 된 정리표시를 책과 정리하는 위치에 붙이기로 하고, 책을 보고 정리하는 각 공간의 이름도 지으며 책 읽기 공간을 완성함.

⑮ 우리가 만든 그림책 세상에 부모님을 초대해요

- 학부모가 유아 독서교육의 중요성을 인식하고 그동안 진행되었던 독서교육의 내용과 방법, 유아들의 변화를 이해할 수 있도록 수업사례 공개를 계획함.
- 수업사례 공개 당일의 구체적인 일정에 유아들의 의견을 반영하고자 수업사례 공개일에 대해 안내하고 부모님께서 오시는 날 함께 하고 싶은 것에 대해 의논함.
- 유아들은 자신들이 꾸민 책 읽기 공간에서 부모님과 함께 책을 읽거나 다양한 독후활동의 결과물을 보여주고 싶어 했으며, 책과 관련된 놀이 및 활동을 함께 하길 원함. 교사도 부모와 함께 하는 도서대여를 제안하며 당일 일정이 정해짐.
- 수업사례 공개 당일 유아들은 스스로 부모님을 안내하고 놀이를 제안하며 주도적으로 참여함. 부모 또한 가정통신문, 홈페이지, 수업사례 공개 등을 통해 무궁화반에서 진행된 독서교육의 내용을 이해한 뒤 자녀와 함께 하는 시간을 가졌기 때문에 유아의 요구와 제안에 적극적으로 호응할 수 있었음.
- 수업사례 공개를 통해 부모는 무궁화반의 독서교육과 자녀에 대해 더욱 잘 이해할 수 있게 되었으며, 부모의 관심과 지원에 대해 스스로 반성하고 더 적극적으로 지원하기로 다짐함. 또한 무궁화반의 독서교육과 교사, 유치원 교육에 대해 감사와 신뢰를 표함.

무궁화반의 독서교육 진행 과정 안내

자신들이 구성한 책 읽기 공간에서 부모와 함께 책을 읽는 유아들의 모습

부모와 함께 책을 고르고 대여하는 유아들의 모습

놀이 및 활동 결과물을 소개하는 유아들의 모습

'책으로 만나는 세상'을 마치며...

- 자발적인 책 읽기 행동과 책에 대한 상호작용이 증가함.
  - 가정에서 가져온 책을 친구와 함께 보며 소통함.
  - 그림책 선정 과정에서 또래 및 교사와 소통하며 주도적으로 참여함.
- 책과 책 읽기에 대한 적극성이 높아짐.
  - 자신이 읽고 싶은 책을 선정하여 교사에게 그림책 읽어주기를 요구함.
  - 도서실에서 책을 더 읽고 싶다는 의견을 전하고 일과를 조정하는 데 참여함.
- 다양한 책에 대한 관심과 흥미가 확대됨.

- 선배교사와 협의를 통해 서로의 경험과 의견을 나누며 「부모님께서 들려주시는 재미있는 그림책」을 계획하여 원내 독서교육 방안 수립에 기여함.
- 유아 독서교육을 위해 교사의 그림책 읽어주기에 대한 지원이 중요함을 인식하고 유아들의 요구를 민감하게 수용하는 태도를 기름.
- 유아 독서교육의 지속적인 실행에 대한 자발적인 의지가 형성됨.
- 유아 독서교육에 대한 전문성이 신장됨.

- 유치원의 그림책 읽어주기 자료 제작을 위해 협력하며 유아 독서교육의 필요 및 중요성에 대한 이해가 높아짐.
- 집에서 유아가 좋아하거나 재미있게 읽었던 책을 유치원에서 공유할 수 있도록 지원함으로써 유치원 독서 환경 조성에 기여함.
- 자녀가 유치원에서 경험한 지역사회 도서관과 서점을 가정에서의 독서교육과 자녀 양육에 활용할 수 있게 됨.
- 유치원 독서교육에 대한 신뢰를 바탕으로 가정에서 지속적으로 그림책 읽어주기를 실천함.

- 도서관에서 진행하는 다양한 유아 프로그램에 참여함으로써 유아들이 도서관이라는 새로운 공간에서 책을 만나며 책과 관련된 긍정적인 경험을 할 수 있음.
- 도서관 유아 프로그램에 교사와 유치원의 평가를 반영하여 개선함으로써 보다 질 높은 프로그램을 제공함.
- 유아들이 서점에서 책을 고르고 구입하는 과정을 충분히 경험할 수 있도록 협력하여 지원함으로써 서점의 수익창출에 도움이 되고 잠재 고객을 확보할 수 있는 기회가 됨.

언제 어디서나 책을 읽으며 놀아요!

03

소통과 협력으로 만들어가는 생태전환교육

생태전환교육은 기후 위기와 환경재난에 대응하고 지속가능한 미래를 이어 나갈 생태시민을 양성하기 위해 그 중요성이 강조되고 있다. 유아 대상의 생태전환교육은 놀이와 일상생활 속에서 자연과 친해지며 자연과 공존하는 태도를 기를 수 있도록 하는 데 바탕을 두고 있다. 음식물 쓰레기 줄이기, 에너지 절약, 일회용품 사용 줄이기 등 생활 주변의 작은 일에서부터 자연과 환경을 지키고 사랑하는 방법을 몸에 익히고, 이를 지속적으로 실천해 나가도록 해야 한다. 또한 유치원 텃밭 가꾸기, 지역사회에 기반한 공원과 유아숲 체험을 통해 생명을 존중하고 자연을 소중히 여기는 생태 시민으로의 기초 역량을 기를 수 있도록 다양한 지원이 필요하다.

1 키다리 쑥쑥 명지 우리 텃밭

2 숲에서 놀자!

3 환경 사랑 우리가 시작해요

1 키다리 쑥쑥 명지 우리 텃밭

'키다리 쑥쑥 명지 우리 텃밭'의 시작 배경

본원에서는 만 5세 유아를 대상으로 월 1-2회 주기적인 생태농장 현장체험을 통해 계절별 농작물을 파종·수확해보는 경험을 할 수 있도록 지원하고 있다. 생태농장 연간 프로그램에 따라 4월에 감자심기를 경험한 유아들은 유치원에도 채소를 심어 기르자고 제안하였다. 이에 교사는 유치원 자투리 공간을 활용하여 어린이들이 채소를 심고 길러보면서 자연과 친해지고 흙에서 나는 먹거리의 소중함을 느낄 수 있는 기회가 될 수 있을 것이라 예상하여 수업을 계획하게 되었다.

'키다리 쑥쑥 명지 우리 텃밭' 한눈에 보기

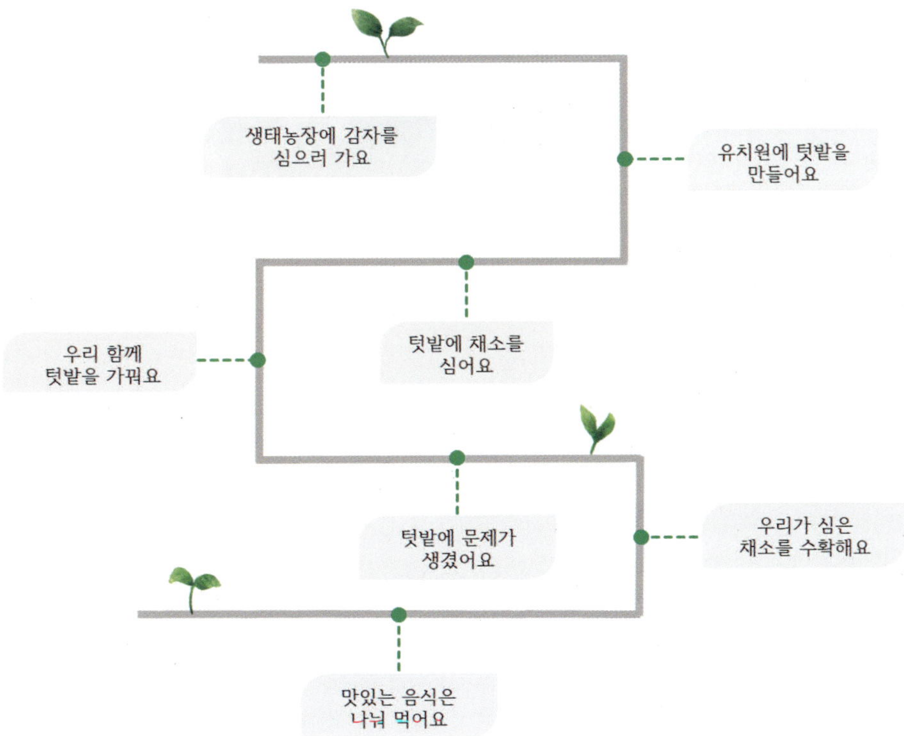

'키다리 쑥쑥 명지 우리 텃밭' 들여다보기

① 생태농장에 감자를 심으러 가요

"씨눈이 위를 보도록 구멍 안에 감자를 넣어야 해."

"감자가 보이지 않게 흙을 잘 덮어주자!"

- 생태농장 연간 프로그램 일정에 따라 유아들은 4월에 감자를 파종하러 생태농장에 방문함.
- 감자를 심어보는 경험을 통해 유아들은 흙과 친숙해지고 식물이 잘 자라나는 환경에 관심을 가짐.

❷ 유치원에 텃밭을 만들어요

"우리 유치원에도 채소를 심어요!"
"채소를 어디에 심으면 좋을까?"

- 농사학교에서 감자를 심어보는 경험과 함께 식목일에 관한 수업이 이루어지면서 '채소 심기' 활동은 유아들의 관심을 불러일으키고, 유치원에서도 채소를 심어볼 것을 희망함.
- 이에 교사는 어린이들과 함께 유치원에서 채소를 심을 수 있는 장소를 함께 찾아보고, 마당 계단과 실내 공유공간 중 하나인 삼각당(테라스)에 채소를 심기로 함.

뚝딱뚝딱! 즐거운 목공놀이
"망치를 사용할 때는 조심해야 해!"

"우리가 필요한 화분의 크기는 어느 정도가 적당할까?"

"우리 집에서 만들었던 화분을 소개할게!"

- 실외자유놀이 시간에 목공놀이를 경험했던 유아들은 채소를 심을 수 있는 화분을 직접 만들 수 있다고 하였고, 교사는 유아들의 제안을 지원하기 위해 고민함.
- 유치원 마당 계단에 놓을 수 있는 화분의 크기를 알아보기 위해 유아들이 줄자를 이용하여 계단너비를 측정함.
- 가정에서 상추를 키우기 위해 화분을 직접 제작해봤던 경험을 가진 한 유아가 부모님이 디자인한 화분 제작 도면을 가지고 와서 친구들과 공유함.

"기사님 200cm 화분을 만들고 싶어요!"
"화분이 너무 크면 옮기기 힘들텐데... 200cm를 두 개로 나눠서 만드는 건 어떨까?"

"소나무와 통나무로 화분을 만들어도 되나요?"
"물에 강한 '방부목'이라는 나무가 있어."

"비가 많이 와서 나무가 썩으면 어떻게 하죠?"
"물에 강한 방부목에 방수페인트를 더 칠하면 돼."

- 화분 제작에 도움을 주시기로 한 통학버스 기사님을 만나, 화분을 만들기 위해 필요한 나무의 종류와 제작하기로 한 화분의 크기를 가늠해보며 의논하는 시간을 가짐.
- 기사님께서 화분을 제작하기 위한 나무를 주문하시고, 필요한 화분을 제작하는 것을 도와주심.

"여러 명이 같이 드니까 화분이 무겁지 않아."
"여기 물이 빠지는 구멍에 흙이 빠지면 어떡하지?"
"선생님이 흙이 빠지지 않게 화분 구멍에 망을 깔아 놓으면 된대."

- 화분이 완성되자 유아들은 마당 계단과 삼각당(테라스)에 화분을 옮김.

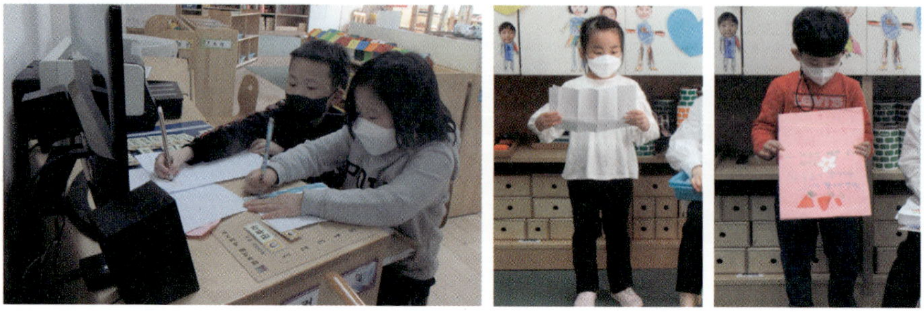

"화분에서 잘 자랄 수 있는 채소 모종에는 어떤 것들이 있을까?"

- 화분이 완성된 후, 심고 싶은 채소 모종을 가정과 유치원에서 조사하여 친구들과 공유함.
- 유아들의 의견을 반영하여 방울토마토, 당근, 호박, 고추, 딸기 등의 채소 모종을 심기로 정함.

"우리반 어린이들이 당근을 심고 싶어 하는데, 당근도 모종을 심을 수 있나요?"
"당근은 씨를 심어야 해요. 당근은 넓은 흙에서 자라야 해요."

- 채소 모종과 흙, 거름 등을 구입하기 위해 단골 화훼농원을 방문함. 화훼전문

가에게 유아들과 함께 정한 채소 모종이 화분에 심기에 적합한지 자문을 구함. (팬데믹 상황으로 인해 단체 현장체험이 어려워 교사가 방문하여 궁금한 것을 질문하고 필요한 정보를 촬영하여 유아들과 영상으로 공유함)

- 유아들과 정한 채소 모종들 중 당근은 화분보다 땅에서 자라는 것이 환경적으로 적합하다고 하여 화분에서도 잘 자랄 수 있는 채소 모종들을 추천받아 딸기, 오이고추, 마디호박, 방울토마토, 젤리방울토마토, 케일, 샐러리 등을 구입함.

③ 텃밭에 채소를 심어요

"흙에 구멍을 만들어 채소 모종을 넣고 흙을 잘 덮어야 해요!"
"채소들아 무럭무럭 잘 자라라!"

- 지역사회와 연계한 '친환경생태텃밭교육'이 진행됨. 텃밭생태환경 강사가 유치원으로 방문하여 유아들에게 채소 모종을 심는 방법과 텃밭을 관리하는 방법을 알려주심.
- 유아들은 전문가의 도움을 받아 다양한 채소의 특징에 대해 알아본 후 채소 모종을 심어보는 경험을 함.

④ 우리 함께 텃밭을 가꿔요

'유아들이 만든 「키다리 쑥쑥 명지 우리 텃밭」 간판과
'서울특별시 도시농업과'에서 제공한 간판

"물을 너무 많이 주면 뿌리가 썩을 수 있으니 적당히 주어야 해."

"채소가 잘 자랄 수 있도록 잡초도 뽑자!"

"채소 모종이 벌써 이만큼이나 자랐네?"
"줄기가 휘어지지 않도록 지지대를 설치해주자!"

- 유아들은 매일 텃밭 근처에서 채소를 살피고 놀이하며 텃밭 식물이 잘 자랄 수 있도록 텃밭을 가꾸기 시작함.
- 채소 모종의 윗부분에 영양분을 공급하고 동풍, 일소 확보가 잘 될 수 있도록 잔가지를 떼어내고 주변 잡초를 뽑음. 채소 모종의 키가 자라나기 시작하자 바르고 곧게 자랄 수 있도록 텃밭생태환경 강사가 준 지지대를 설치함.

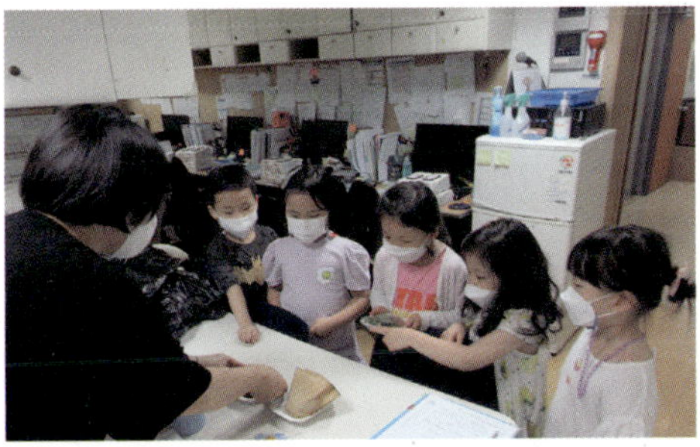

"커피를 어디서 구하지?"
"교사실에서 커피 냄새가 났어! 선생님들께 부탁드리자!"

"이건 내가 집에서 가지고 온 달걀껍질이야!"
"달걀껍질에는 칼슘이 들어있어 채소들이 잘 자라고
열매를 맺을 수 있게 도와준대."
"달걀껍질을 잘게 부숴야 해!"

- 교사와 유아들은 텃밭의 채소가 더 잘 자라기 위한 방법에 대해 의논하였으며, 채소가 더 잘 자라기 위해서는 영양분(비료)이 필요함을 알게 됨.
- 교사는 채소 모종에 공급할 수 있는 친환경 비료에 대해 알아보고, 유아들도 가정에서의 경험과 부모님의 지원으로 알게 된 영양공급 방법에 대해 공유함.
- 비료가 되는 커피박(커피찌꺼기)과 달걀껍질을 구하기 위해 유아들은 어른들에게 요청하여 커피박을 모으고 가정에서는 유아들 편으로 달걀껍질과 커피박을 보내주시어 유아들이 비료를 준비할 수 있도록 도움.

⑤ 텃밭에 문제가 생겼어요

"삼각당 텃밭의 채소들은 왜 잘 자라지 않는 걸까?"
"마당에는 하루 종일 빛이 잘 드는데 삼각당에는 하루 종일 빛이 들지는 않아."
"화분을 마당으로 옮겨야겠어."
"그럼 마당 텃밭을 관리하는 친구들한테 도와날라고 하자!"

- 텃밭을 가꾸는 과정에서 마당 텃밭 채소들에 비해 삼각당(테라스)에서는 채소가 잘 자라지 않는다는 것을 알게 됨.
- 유아들은 마당 텃밭은 빛이 하루 종일 잘 들지만 삼각당은 마당에 비해 빛이 잘 들지 않는다는 점을 발견하고 화분을 옮겨야 한다는 의견을 모음. 따라서 유아들은 마당 텃밭을 관리하는 친구들(텃밭도우미)에게 도움을 요청함.
- 유아들은 삼각당 화분을 빛이 하루 종일 잘 드는 마당으로 화분을 옮김.

"우리가 알고 있는 '텃밭 가꾸는 방법'을
친구들과 동생들에게도 알려주자."

- 유치원 전 구성원들이 텃밭에 관심을 가지고 함께 돌볼 수 있도록 '텃밭을 잘 가꾸기 위한 방법'을 영상으로 제작하여 홍보함.
  (팬데믹 상황으로 인해 학급 간의 직접적인 교류보다는 편지나 영상 등을 활용하여 서로의 이야기를 공유함)

❻ 우리가 심은 채소를 수확해요

"이것 좀 보세요! 우리가 유치원에서 키우는 채소들이에요."
"오늘 우리 반 달팽이한테는 케일 2장, 상추 2장을 따다 줄 거예요."
"와~ 며칠 전보다 더 많이 자란 것 같아!"

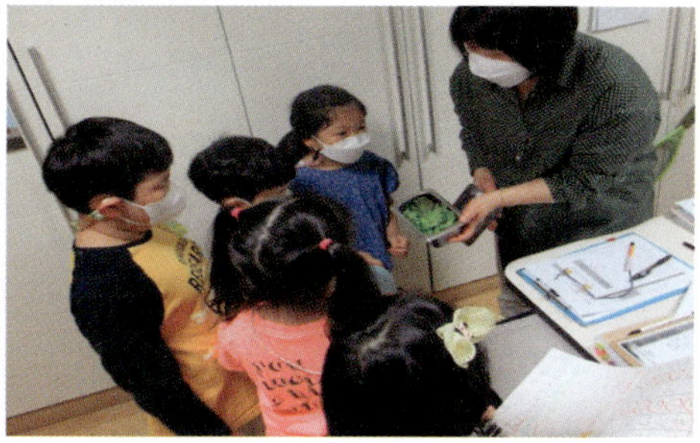

"상추가 엄청 많이 있어!"
"다른 반 친구, 동생들과 나눠 먹어도 충분하겠어."
"채소가 잘 자랄 수 있게 커피를 주신 선생님들께도 상추를 전해드리자."

"달팽이도 우리가 키운 상추가 맛있나봐."
"조리사님이 만들어주신 쌈장이랑 먹으니까 정말 맛있다!"

- 학부모님과 유아들은 유치원을 오가며 마당 텃밭에서 자라나는 채소에 관심을 가지고 이야기를 나누며, 식물의 성장에 많은 관심을 보임. 유치원 대문 앞에 자리 잡은 텃밭은 유아들에게 일상생활 속 생태전환교육의 중요한 장소일 뿐 아니라, 유치원 등 · 하원 시간에는 유아들과 부모님, 교사의 소통의 장소가 되기도 함.
- 유아들은 텃밭에서 직접 기르고 수확한 상추를 유치원 전 구성원들과 나눠 먹거나 각 학급에서 기르는 달팽이의 먹이로 제공함.
- 영양사님과 의논하여 유아들이 수확한 상추를 급식 메뉴에 추가하여 조리사님이 만들어주신 쌈장과 함께 유아들이 먹어볼 수 있도록 함.

❼ 맛있는 음식은 나눠 먹어요

"이번에는 생태농장에서 양파를 수확해요."

"우리가 마당에서 딴 호박이랑 생태농장에서 뽑은 양파로 만든 전은 더 맛있을 거 같아."
"나는 원래 양파랑 호박 싫어하는데 오늘은 많이 먹어야지!"

"텃밭에서 키운 애호박이랑 생태농장에서 수확한 양파로
애호박양파전을 만들었어요."
"동생들도 같이 먹으면 좋을 것 같아요!"
"고마워! 맛있게 잘 먹을게."

- 생태농장 연간 프로그램 일정에 따라 유아들은 4월, 5월에 이어 6월에도 생태농장을 방문하여 양파를 수확함.
- 생태농장에서 수확한 양파와 마당 텃밭에서 수확한 애호박을 이용한 애호박양파전 요리를 진행함.
- 요리한 애호박양파전을 다른 반 동생들과 교직원에게도 나눠주어 텃밭의 채소를 유치원의 모든 구성원들이 먹어볼 수 있었음. 이를 통해 흙에서 나는 먹거리의 성장과 이용 등을 직접 경험하며 '텃밭'의 소중함에 대해 느낄 수 있는 소중한 경험이 되었음.

'키다리 쑥쑥 명지 우리 텃밭'를 마치며...

- 유치원 텃밭 가꾸기, 지역사회와 연계한 생태농장 현장체험 등을 통해 자연친화적인 태도를 기름.
- 텃밭을 가꾸고 관리하는 과정에서 계절과 날씨의 변화, 식물의 성장에 대한 관심을 가짐.
- 텃밭 및 생태농장에서 유아들이 먹을 수 있는 채소를 직접 수확하고 먹어봄으로써 흙에서 나는 먹거리의 소중함을 느낌.

- 텃밭 가꾸기 활동을 지원하기 위해 교직원이 함께 적합한 장소를 모색하고 필요한 물리적 환경을 구성하는 과정을 통해 협동심을 기름.
- 다양한 매체를 활용하여 텃밭 가꾸기 활동에 필요한 전문적 지식을 얻고, 이를 유치원 구성원들과 공유하며 생태전환교육에 대한 실천적 지식을 형성함.

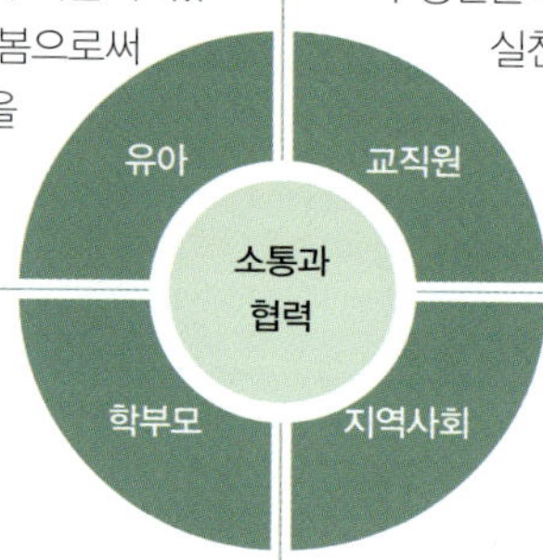

- 텃밭을 가꾸는 과정에서 필요한 비료를 제공하여 유아들의 텃밭 가꾸기 활동을 지원하며 일상생활 속에서의 생태전환교육에 동참함.
- 유치원 대문 옆에 자리 잡은 텃밭을 유아들과 함께 관찰하며, 진행되고 있는 수업 과정에 관심을 갖고, 유아들의 삶을 이해할 수 있으며 유아들과 활발한 소통이 이루어짐.

- 자연을 접하기 어려운 도심 속 유아들이 인접한 생태농장을 지속적으로 방문하여 넓은 자연 속에서 1년 동안 농작물의 성장과정을 체험할 수 있도록 지원하여 생태전환교육을 위한 교육과정 운영에 기여함.
- 관할구청 텃밭생태환경 강사의 '친환경생태 텃밭교육'을 통해 유아들은 채소 모종을 심고, 텃밭을 가꾸기 위한 정보를 얻을 수 있었으며, 해당기관은 지역사회 구성원들의 자연친화적 태도 형성의 사업 목적을 달성함.

텃밭을 가꾸면서
자연과 친해지고,
생명을 소중히 여기는
마음을 갖게 되었어요.
맛있는 채소를 우리에게 주는
'키다리 쑥쑥 명지 우리 텃밭'에게
정말 고마워요!

2 숲에서 놀자!

'숲에서 놀자!'의 시작 배경

본원은 지역사회와 연계하여 도심에 사는 유아들이 정기적으로 유치원 인근에 있는 유아숲체험장을 찾아 자유롭게 뛰어놀고 오감을 통해 자연을 만날 수 있도록 지속적인 지원을 하고 있다. 유아들은 숲에서 봄 · 여름 · 가을 · 겨울을 보내며 계절에 따른 자연의 변화를 누리고 그 속에서 다양한 생명을 만나왔다. 다시 만난 4월의 봄, 유아들이 숲에서 우연히 애벌레 한 마리를 발견하고, 이후 숲과 유치원에서 다양한 애벌레를 만나게 되면서 애벌레에 대한 관심과 기대는 높아졌다. 또한 지속된 숲체험을 통해 자연과 친해지고 숲을 사랑하게 된 유아들이 가뭄으로 인해 말라가는 숲속 식물과 이를 살리려는 숲해설가 선생님의 어려움을 직면하며 숲의 문제를 함께 해결하기 위한 노력을 시작하게 되었다.

'숲에서 놀자!' 한눈에 보기

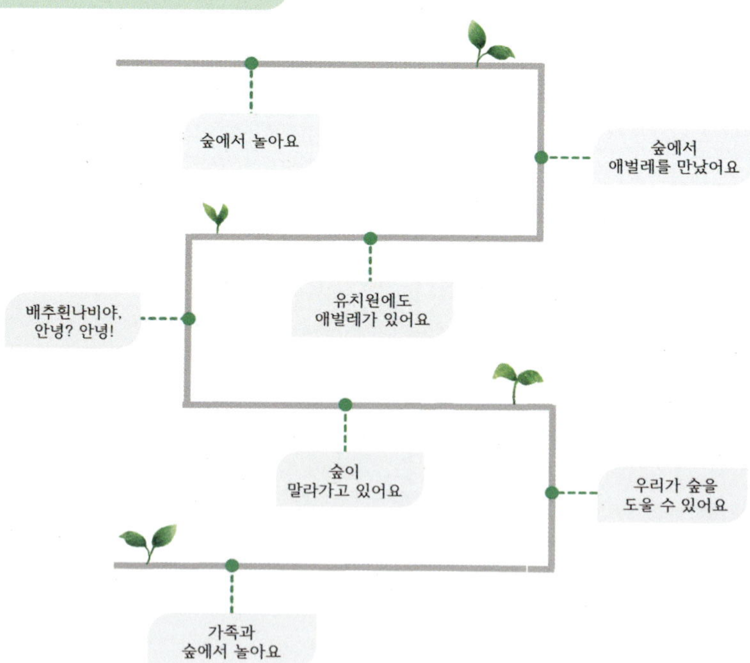

‘숲에서 놀자!’ 들여다보기

① 숲에서 놀아요

[봄 숲 즐기기]

자연물을 이용해 소꿉놀이하기

“우리가 만든 꽃밥입니다! 맛있게 드세요!”

[여름 숲 즐기기]

칡잎으로 무늬 만들기

숲 트레킹

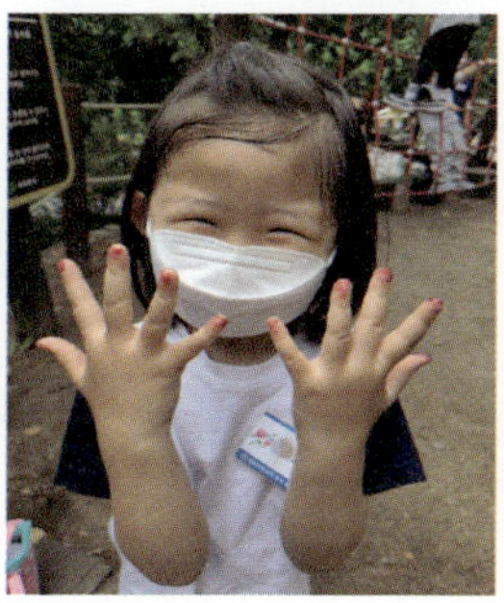

버찌로 손톱 색칠하기

물목도리 만들기

[가을 숲 즐기기]

가을 숲에서 숨바꼭질하기

도토리 줍기

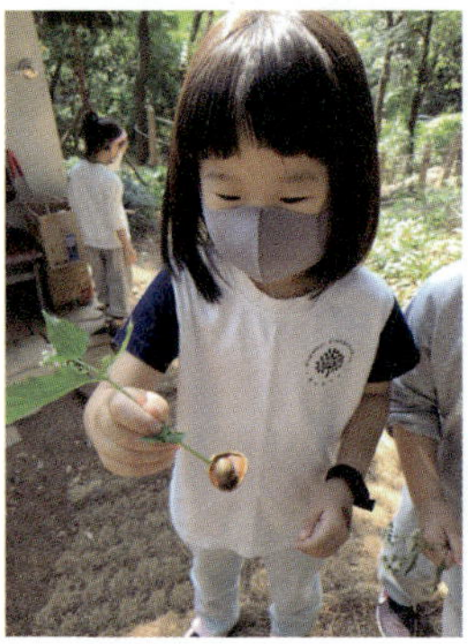

"밤껍질 숟가락으로
도토리를 옮겨요!"

도토리를 좋아하는 동물에게 먹이 주기

[겨울 숲 즐기기]

새들의 겨울 먹이 준비하기

낙엽침대 만들기

"우리가 만든 낙엽침대에 누워볼까?"

- 지역사회와 연계하여 숲해설가(유아숲지도사)의 지원을 받아 유아들이 숲에서 계절의 변화를 느끼며 다양한 동·식물을 만나 자연친화적인 태도를 형성할 수 있도록 1년간 다양한 놀이 및 활동을 진행함.

숲해설가와 함께하는 교사 연수

- 교사들은 유아들의 숲체험을 보다 전문이고 풍성하게 지원하기 위해 관련 연수를 요청하였고 '숲해설가와 함께 하는 교사 연수'를 계획하여 진행함으로써 숲해설가 선생님과 유아들의 경험을 공유하며 다양한 지원 방법을 모색함.
- 교사들은 연수와 협의를 바탕으로 유아들이 숲에서 경험한 놀이 및 활동을 관찰하며 유치원에서도 연계하여 다양한 배움이 일어날 수 있도록 지속적으로 지원함.
- 숲체험과 자연친화교육, 생태교육에 대한 교사들의 관심과 열의에 숲해설가 선생님과도 더욱 돈독한 관계를 맺게 되었으며, 유아들의 놀이와 활동에 전문적인 지원을 지속적으로 해주고 계심.

② 숲에서 애벌레를 만났어요

유아들이 숲에서 찾은 다양한 애벌레들

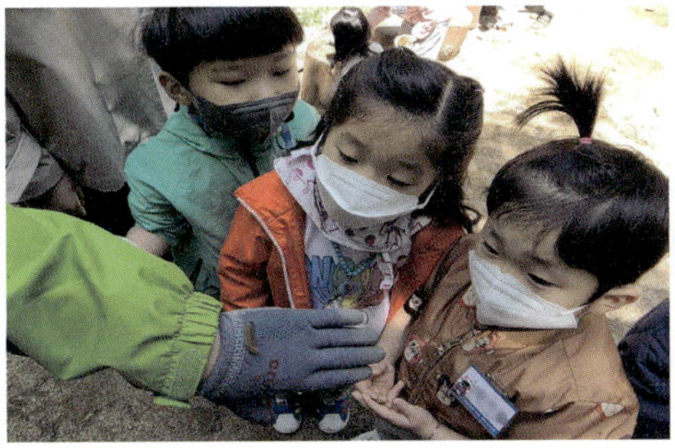

"애벌레가 꿈틀 꿈틀 선생님 손을 기어가요!"

"선생님 제가 또 애벌레 찾았어요!"

- 봄이 되자 유아들은 숲에서 여러 가지 애벌레를 발견할 수 있었고, 숲해설가 선생님의 안내와 도움을 받아 애벌레의 생김새와 움직임 등을 관찰함.
- 유아들은 애벌레에 대해 궁금한 점을 숲해설가 선생님께 여쭤보며 애벌레에 대한 다양한 정보를 들을 수 있었음.

③ 유치원에도 애벌레가 있어요

"여기 애벌레가 있을지 몰라!"

마당 케일 텃밭에서 찾은 애벌레

- 숲에서 애벌레를 발견했던 유아들은 숲해설가 선생님이 주신 정보를 바탕으로 유치원 텃밭에서도 보물찾기를 하듯 애벌레를 찾기 시작함. 유아들은 숲에서 보지 못한 애벌레를 케일 텃밭에서 발견하게 됨.

유치원에서 찾은 애벌레 소개하기

"근데 무슨 애벌레지?"

"○○선생님(숲해설가)께 여쭤보자!"

- 유아들은 유치원 케일 텃밭에서 찾은 애벌레를 교실에 데려와 관찰하며 애벌레의 종류와 키우는 것이 가능한지에 대해 궁금하게 됨. 유아들은 애벌레에 대해 많은 정보를 알고 계신 숲해설가 선생님께 여쭤보기로 의견을 모음.

"케일 텃밭에서 발견했으면 아마 배추흰나비의 애벌레일거야."

"음... 먹이도 잘 주고, 대신 나비가 되면 다시 자연으로 보내줘야 해!"

"선생님 이거 무슨 애벌레예요?"

"키워도 돼요?"

"와~! 키울 수 있다!" "나비가 되면 꼭 날려줄게요!"

숲해설가 선생님께 우리가 찾은 애벌레에 대해 궁금한 것 여쭤보기

- 유아들은 숲체험 당일 유치원에서 찾은 애벌레를 데려가 보여드리며 궁금한 것들(애벌레의 종류, 키우는 것이 가능한지의 여부, 키우는 방법 등)에 대해 질문하고 숲해설가 선생님께서는 유아들이 필요로 하는 정보를 조절하여 제공해 주심.

"애벌레야, 안녕! 잘 있었니?"

"애벌레가 케일을 엄청 많이 먹었어!"

- 유치원에서 애벌레를 키우게 된 유아들은 등원하며 원감 선생님의 도움을 받아 마당 텃밭에 있는 케일 잎을 뜯어와 먹이를 주기도 하고, 인사를 건네는 등 애정을 가지고 보살핌.

"애벌레가 이상해졌어요!"
"왜 다 뚜껑에 붙어있지?"
"애벌레가 죽었나봐!"

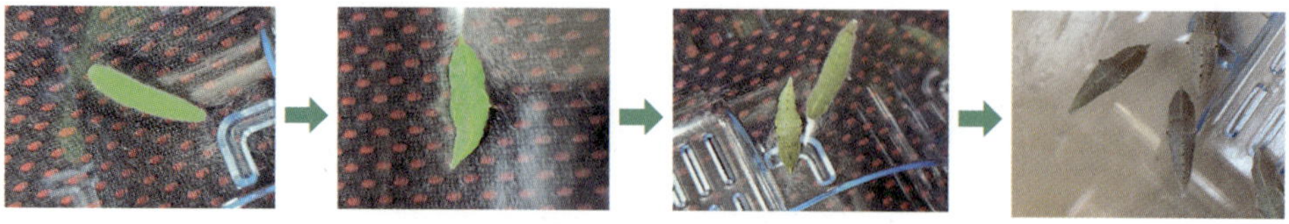

번데기로 변한 애벌레

유아가 가정에서 가져온 '배추벌레 책' 소개 및 공유하기

"아! 번데기가 된 거야! 곧 나비가 되려나 봐."

- 애벌레를 키우던 중 애벌레의 변화된 모습(번데기)을 발견한 유아들은 애벌레의 모습이 변한 이유를 알아보기 위해 교사의 지원을 받아 관련 도서와 영상을 찾아봄.
- 집에 배추흰나비와 애벌레에 관련된 책을 가지고 있는 유아는 유치원에 책을 가져와 친구들에게 소개하고 함께 읽으면서 관련 정보를 얻게 됨.

숲해설가 선생님께서 보여주신 여러 가지 애벌레 관찰하기

유아들이 숲에서 흙과 자연물로 만든 애벌레 친구

- 유치원에서 애벌레를 키우는 동안 애벌레에 대해 적극적인 호기심을 보였던 유아들을 위해 숲해설가 선생님은 유아들이 실제로 좀 더 다양한 애벌레를 만날 수 있도록 지속적으로 지원하였고, 숲체험 시간에 관련 놀이 및 활동을 진행하며 교사와 유아를 함께 격려해주심.

④ 배추흰나비야, 안녕? 안녕!

"얘들아! 여기 봐. 배추흰나비가 나왔어!"

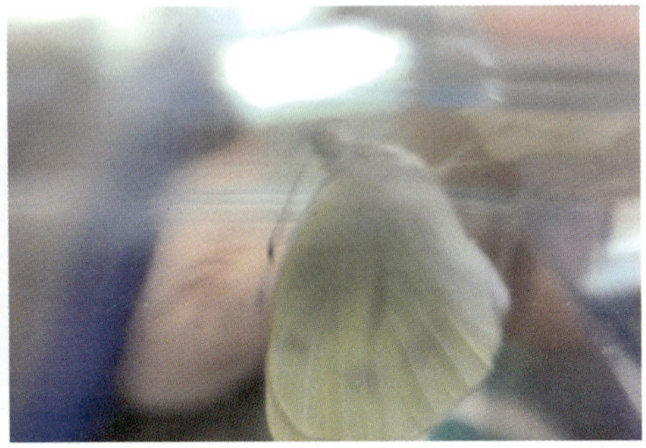

"배추흰나비야, 안녕?"

번데기에서 나온 첫 번째 배추흰나비 날려주기

- 유아들이 점심 식사를 마치고 애벌레를 관찰하던 중 우화 과정을 마친 배추흰나비 한 마리를 발견함. 날개를 말리며 움직임이 없는 나비가 날개를 움직일 때까지 돌봐주다가 숲해설가 선생님과의 약속대로 자연으로 보내 줌.

"얘들아! 여기 봐. 배추흰나비가 또 나왔어!"

"엄마에게도 보여줄래요!"

"여기에 놓으면 엄마랑 오빠도 볼 수 있겠다!"

우리가 키운 배추흰나비 공유하기

"엄마 우리가 키운 애벌레가 배추흰나비가 됐어! 신기하지?"

- 첫 번째 배추흰나비를 날려 보낸 오후, 유아들은 두 번째로 우화한 배추흰나비를 만나게 됨. 유아들은 무궁화반에서 탄생한 나비를 귀가 시간에 부모님께 보여드리고 싶어 함.

▪ 교사는 유아와 학부모가 유치원에서 진행되고 있는 수업에 대해 서로 소통할 수 있는 장이 될 수 있도록 유아들의 의견대로 부모님께 나비를 소개하는 과정을 지원함. 그동안 자녀들의 이야기에 애벌레 소식이 궁금했던 학부모님께서는 나비의 탄생 소식을 함께 기뻐하며 유아들을 격려해주심.

무궁화반이 키운 배추흰나비의 수 기록하기

배추흰나비 자연으로 돌려 보내기(유치원, 숲)

- 유아들은 자신들이 키운 애벌레가 배추흰나비로 성장한 과정에 큰 성취감을 느끼며 매일 우화되는 나비의 수를 기록함. 교사는 배추흰나비가 모두 우화하고 남은 번데기 껍질을 모아 유아들이 기록한 나비의 수와 비교하며 일상 속에서 수학적 경험을 할 수 있도록 지원함.

애벌레를 키우며
함께 나비를 볼 수 있는 방법 의논하기
"숲처럼 곤충텃밭을 만들어요!"

- 35마리의 나비 모두를 자연으로 돌려보내고 난 후 유아들은 유치원의 모든 구성원과 가족들이 신기한 나비의 성장 과정을 함께 지켜보며 응원할 수 있도록 유치원에도 숲체험장에 있는 곤충 텃밭처럼 케일 텃밭에 애벌레들이 사는 집 만들기를 제안함.

곤충 텃밭 설계하기

"곤충 텃밭을 이렇게 만들고 싶어요!"

- 교사는 유아들이 생각한 애벌레 집을 구상해 볼 있도록 케일 텃밭을 사진으로 찍어 인쇄해 제공하였고, 유아들은 교사가 제공한 종이에 그림을 그리며 만들고 싶은 애벌레 집의 형태와 필요한 재료를 설계함.

"기사님 나무 막대가 필요해요! 도와주세요!"

기사님의 도움을 받아 마당 케일 텃밭에 애벌레와 배추흰나비 집 만들기

무궁화반이 만든 「배추흰나비 가족의 케일집」과 안내문

- 유아들은 자신들이 설계한 애벌레 집을 실현시키기 위해 함께 재료를 찾고 유치원 통학버스 기사님께 필요한 도움을 요청하여 지원받으며 「배추흰나비 가족의 케일집」을 완성함. 또한 사람들에게 알리고 싶은 내용을 안내문으로 제작하여 게시함.

등 · 하원 시 가족과 함께 애벌레의 성장과정 관찰하기

- 유아, 교직원뿐만 아니라 등 · 하원 시 유치원을 방문하는 학부모는 무궁화반이 만든 「배추흰나비 가족의 케일집」과 안내문을 보고 케일 텃밭에 자라고 있는 애벌레에 관심을 보이며 자녀와 함께 관찰하고 소통함.

⑤ 숲이 말라가고 있어요

가뭄으로 인해 말라가는 유아숲체험장의 식물들

유아들이 마시려고 가지고 간 물을 식물들에게 나눠주는 모습

- 2022년 여름, 장마가 시작되기 전까지 비가 너무 오지 않아 물이 부족한 숲에서 유아들은 시들거나 말라가는 식물들을 보게 됨. 유아들은 숲해설가 선생님의 이야기(수도시설이 없는 유아숲체험장에서 말라가는 식물들을 살리기 위해 물을 길어 나르다가 팔이 아프게 된 내용)를 듣고 자신들이 마시고 남은 물을 식물들에게 주고 유치원으로 돌아옴.
- 숲해설가 선생님과 돈독한 관계를 유지하던 유아들은 숲과 숲해설가 선생님이 처한 어려움에 깊이 공감함. 또한 유치원에 돌아와 다음 숲체험을 계획하며 유치원에서 물을 가져가 말라가는 식물과 숲해설가 선생님께 드리기로 함.

"선생님! 저희가 유치원에서 나무가 마실 물도 가져왔어요!"
"선생님 이제 팔 아프지 마요!"

"너희들의 마음이 정말 예뻐서 선생님이 감동했어!
선생님 눈물이 나올 것 같아!"

목마른 식물들에게 유치원에서 가져온 물 주기

- 통학버스 기사님의 도움으로 버스에 물을 실어 온 유아들은 유치원에서 받아온 물을 숲에 뿌려주고 숲체험장의 물창고에도 저장해놓음.

⑥ 우리가 숲을 도울 수 있어요

숲해설가 선생님의 영상편지 및 자료 소개 「빗물 저금통」

- 교사는 숲체험 과정에서 관찰한 유아들의 대화를 통해 가뭄으로 인해 생긴 문제는 수돗물로 모두 해결할 수 있다고 인식하고 있음을 발견하고 숲해설가 선생님과 수업에 대해 협의함.
- 교사와 숲해설가는 기후 위기에 따른 '물 부족' 문제를 시작으로 생태전환교육의 필요성에 대해 깊이 공감하였고, 숲해설가는 교사와 협의하여 유아들에게 '빗물 저금통' 활동을 소개하며 필요한 자료를 함께 제공함.

유치원에서 친구들과 함께 빗물 저금통을 만들고 마당에 배치하기

가정에서 유아들이 부모님과 함께 꾸민 빗물 저금통

- 숲해설가 선생님을 통해 기후 위기에 따른 '물 부족' 문제를 새롭게 인식한 유아들은 유치원과 가정에서 폐플라스틱과 유리병 등을 재활용하여 빗물 저금통을 제작하여 유치원 마당과 여러 실외공간에 배치함.

빗물 저금통에 담긴 빗물을 확인하고 모으기

모인 빗물을 이용해 숲에 있는 텃밭과 시든 식물에 물주기

- 유아들은 비가 오기 전에 빗물 저금통을 적절한 장소에 배치함. 비가 내려 빗물 저금통에 모인 빗물을 통에 담아 숲에 있는 텃밭이나 시든 식물에 물을 주는데 활용함.

⑦ 가족과 숲에서 놀아요

부모교육 및 지원 – 수업사례 공개

교실 및 수업 진행 과정과 결과물 참관

▪ 유아들의 유치원 생활과 교육과정에 대한 이해를 돕기 위해 부모교육 및 지원의 일환으로 '수업사례 공개'를 진행하였으며, 학부모에게 그동안 진행되었던 수업의 과정을 안내함. 이를 통해 유치원에서의 교육과 자연친화적인 유아들의 생활 경험이 가정과 연계되어 지속될 수 있도록 부모님의 이해를 도우며 동기를 부여함.

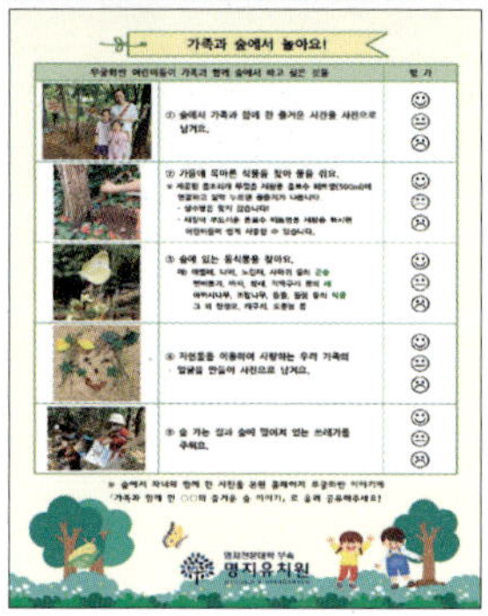

가정 연계 활동 '가족과 숲에서 놀아요' 안내문
(가까운 숲체험장, 유아들과 의논한 놀이 및 활동 소개)

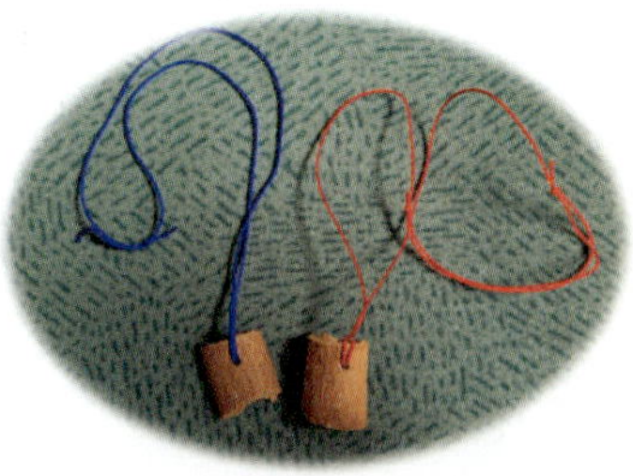

숲해설가 선생님께서
선물해주신 천연 모기기피제
'계피 목걸이'

페트병 물조리개 뚜껑

가정 연계 활동 '가족과 숲에서 놀아요'

당일 오전 e알리미를 통해 참여 독려

- 숲해설가 선생님의 지원을 받아 사전에 유아, 교사가 함께 의논하여 준비한 가정 연계 활동 '가족과 숲에서 놀아요' 안내문과 자료를 수업사례 공개를 통해 배포하고 안내하며 학부모의 지원과 참여를 독려함.
  (집에서 가까운 유아숲체험장을 각자 선택하여 원하는 시간에 가족들과 함께 자율적으로 참여할 수 있도록 활동을 계획하여 안내)

숲에서 만난 유아, 학부모, 교사

가족과의 숲놀이를 지원하는 교사

집에서 가져온 물로 숲속 텃밭에 물을 주는 가족

쓰레기를 줍는 가족

가족과의 즐거운 시간을 기록하는 학부모

가정 연계 활동을 통해 일어난 가정 간의 교류

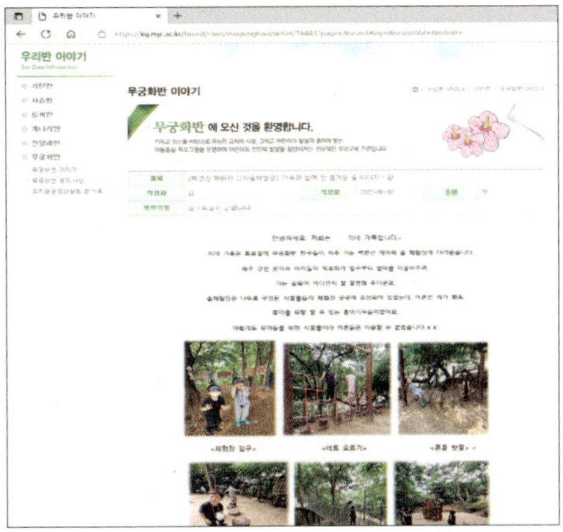

홈페이지 '우리반 이야기'에 올려주신
가정 연계 활동 '가족과 숲에서 놀아요'의 후기 게시글

각 가정의 이야기를 공유하고 댓글로 소통

- 가정 연계 활동 '가족과 숲에서 만나요'를 위해 토요일 아침 숲에서 만난 유아와 학부모, 교사는 자연 속에서 더욱 특별한 만남을 가졌으며, 함께 인사 나누고 여유롭게 숲을 즐기며 서로 소통하고 교류하는 의미 있는 시간을 보냄.
- 유아들은 부모의 손을 이끌며 그동안 익숙해진 숲체험장의 이곳 저곳을 주도적으로 소개하며 함께 놀이하고 자신들이 만났던 다양한 동 · 식물을 부모와 함께 찾아보며 공유함.
- 가까운 유아숲체험장에서 자녀와 시간을 보낸 학부모는 자연 속에서 배움을 얻고 성장하는 자녀의 모습을 실제로 마주하며, 가정 연계 활동을 통해 자녀와 의미 있는 시간을 가질 수 있도록 기회를 제공한 교사와 숲해설가의 지원에 감사의 마음을 표현함.
- 가정 연계 활동을 마친 후, 유아와 학부모는 홈페이지 우리반 이야기에 '가족과 함께 한 즐거운 숲 이야기' 사진과 글을 올려 경험을 공유하였고, 당일 사정이 있어 참여하지 못한 가족에게도 정보를 제공하며 참여를 독려함. 이를 본 교사와 학부모는 서로 글에 댓글을 올려 소통하고 격려함.

'숲에서 놀자'를 마치며...

- 지속적인 유아숲체험을 통해 자연친화적인 태도를 형성함.
- 또래, 교사, 숲해설가가 함께 협력하여 숲이 직면한 문제를 해결해나가는 경험을 통해 생태시민으로서의 역량을 기름.

- 유아들이 자연친화적인 생태시민으로 성장해갈 수 있도록 교직원과 숲해설가가 끊임없이 협의하며 지원 방법을 모색하는 과정을 통해 생태전환교육과 관련된 전문성을 기를 수 있음.
- 교사 연수, 체험, 다양한 실천을 통해 생태전환교육에 대한 실천적 지식을 형성하고 친환경적인 유치원 문화를 조성함.

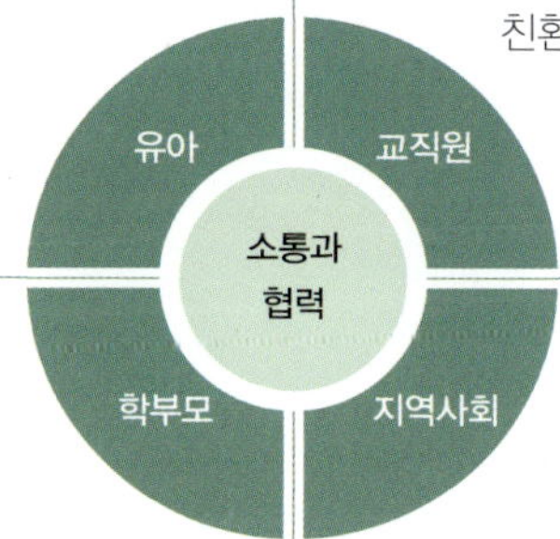

- 가정 연계 활동을 통해 자녀와 함께 갈 수 있는 가까운 유아숲체험장에 대한 정보를 얻어 가정에서 자녀와 함께 이용하며 유아의 숲체험 경험을 이해함.
- 유치원의 교육과 자연에 대한 유아들의 태도 변화를 통해 자녀가 살아갈 생태 환경의 중요성과 소중함을 인식하게 됨.
- 유치원의 수업과 자녀와의 가정 연계 활동을 통해 부모 또한 기후 문제, 환경 문제에 대해 경각심을 가지고 일상생활에서 자연친화적인 실천을 시작하게 됨.

- 전문가인 숲해설가(유아숲지도사)가 교사와의 협의를 통해 유아들의 자연에 대한 적극적인 호기심을 이해하고 지원(자료 및 정보 제공, 놀이 및 활동 지원 등)할 수 있도록 소통하고 협력하면서 새로운 숲체험 활동의 방법을 경험함.
- 숲이 처한 어려움을 유아, 학부모, 교사, 전문가가 함께 협력하여 해결함으로써 지역사회에 기여하고 생태시민 역량의 기초를 함양함.

배추흰나비야,
또 만나!
사랑해!
친구랑 유치원에
놀러와!
잘 살아!
아프지마!
조심해!

산수국아, 그동안 목 말랐지?
물 마시고 아프지마!
우리가 물을 많이 가져왔어!
다음에 또 가져올게.

3 환경 사랑 우리가 시작해요

'환경 사랑 우리가 시작해요'의 시작 배경

학년 초부터 유아들이 교실에서 종이를 쉽게 사용하고 버리거나, 놀이할 때에도 놀잇감을 쏟거나 부딪히며 놀이하는 등 교실에 제공한 놀잇감이나 물건을 소중히 여기지 않는 모습들이 관찰되었다. 이에 교사는 놀잇감을 사용하는 적절한 방법과 자원의 소중함 등을 느낄 수 있도록 관련 수업을 통해 문제 상황을 해결하고자 지원하였으나, 위와 같은 상황이 반복되었다. 단순한 방법적인 면에서 나아가 유아들이 근본적으로 가지고 있는 자원에 대한 인식의 개선이 필요하다고 생각하여 학급의 문제 상황으로부터 '환경 사랑 우리가 시작해요'를 시작하게 되었다.

'환경 사랑 우리가 시작해요' 한눈에 보기

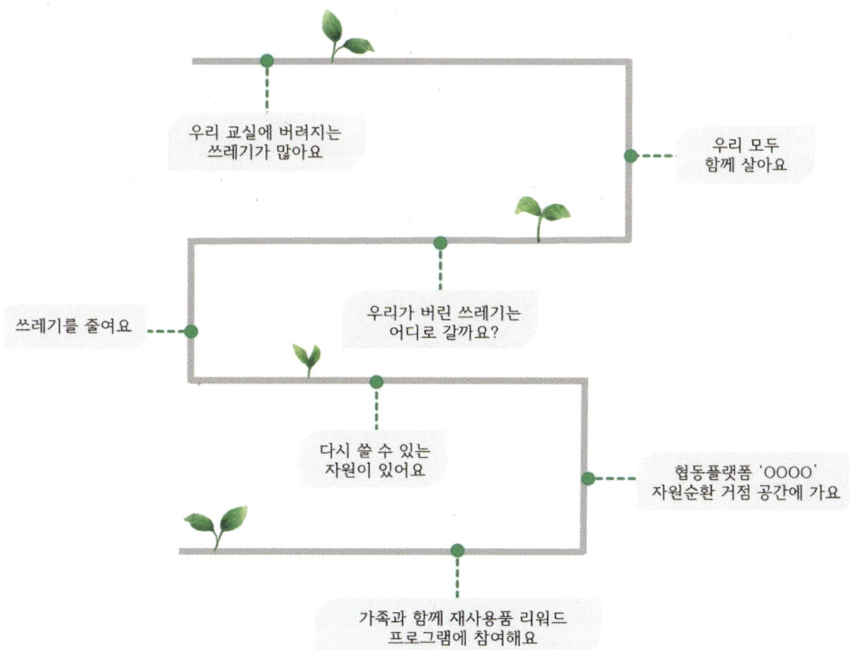

‘환경 사랑 우리가 시작해요’ 들여다보기

① 우리 교실에 버려지는 쓰레기가 많아요

“우리가 쓰고 모아둔 종이가 아주 많은데, 어떻게 하면 좋을까?”

“뒤에도 써요.”
“작은 그림을 그릴 땐 조각 종이를 써요.”

“버려지는 종이들을 보면 어떤 생각이 드니?”

“종이는 나무로 만드는데..”
“나무에게 미안하다.”

- 교사는 교실에 낭비되거나 버려지는 종이에 대한 문제 상황에 대해 유아들과 공유하며 종이사용에 대한 문제를 유아들이 스스로 인식할 수 있도록 함. 한동안 유아들은 낭비되는 종이를 보고 종이사용 시 필요한 만큼만 사용하려고 노력하나, 일시적일 뿐 지속적으로 실천하지 않아 같은 상황이 반복됨.

"내가 모르고 밟아서 블록이 깨졌어."
"블록이 바닥에 있어서 그런가?"
"블록을 쓰면 제자리에 둬야지."

- 종이 외에도 교실 곳곳에 파손되는 놀잇감들이 많아 교사는 학급의 문제 상황을 전체 유아들과 공유하여 함께 해결방안을 모색해볼 수 있도록 함.

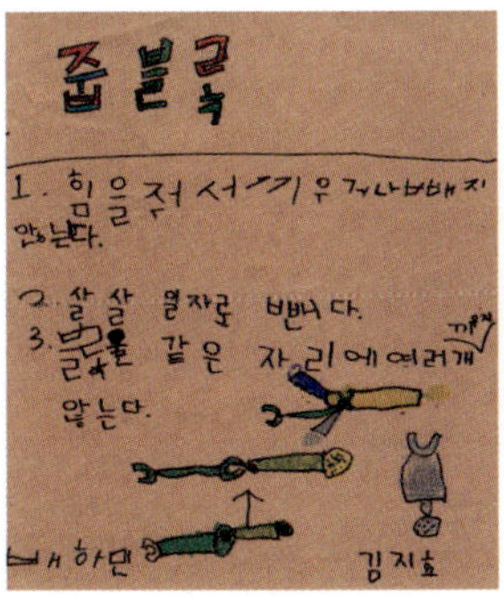

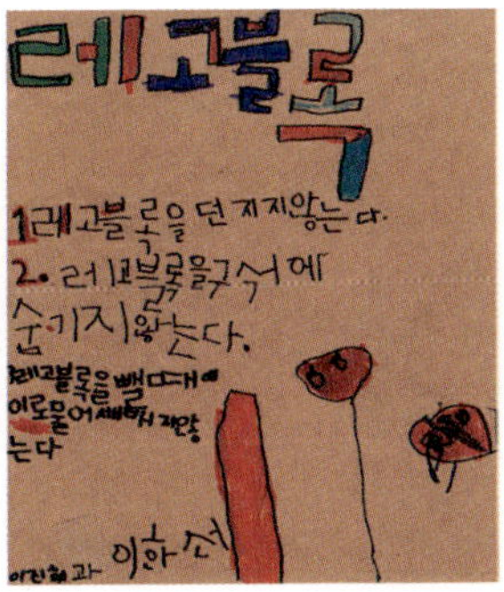

"줍블록을 끼우거나 뺄 때는 일자로 살살 빼야 망가지지 않고 잘 빠져."

- 유아들은 놀잇감이 망가지는 원인을 다양하게 생각해보며 올바른 사용방법, 정리방법 등에 대해 서로 의견을 나누고 의논한 내용을 토대로 학급에서 공동의 규칙을 정하며 실천하려고 노력함.
- 교사는 유아들이 종이나 놀잇감을 적절하게 사용하는 방법을 아는 것에서 나아가 문제를 해결하기 위한 근본적으로 자원을 소중히 여기지 않는 인식의 개선이 필요하다고 생각함. 이에 동일 연령 학급 교사, 원감님과 협의하여 관련 현장체험이나 방문교육 등을 실시하여 유아들을 지원하기로 협의함.

❷ 우리 모두 함께 살아요

서대문 두바퀴환경센터 외관

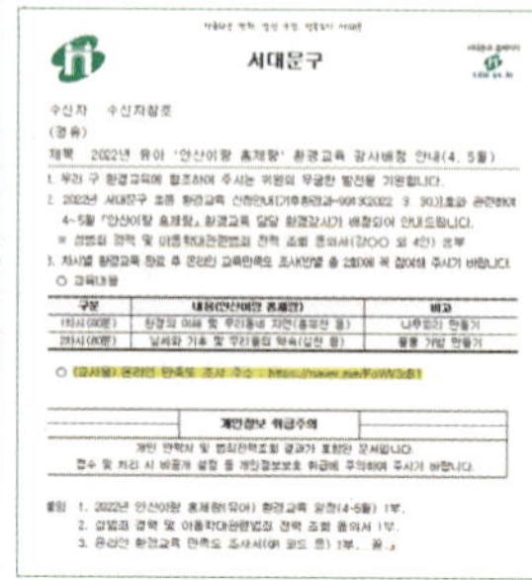

서대문구

수신자 수신자참조

(경유)

제목 2022년 유아 '안산이랑 홍제랑' 환경교육 강사배정 안내(4, 5월)

1. 우리 구 환경교육에 협조하여 주시는 귀원의 무궁한 발전을 기원합니다.

환경교육 관련 공문

- 교사는 유아들이 우리가 사는 환경에 관심을 가질 수 있도록 관할구에서 진행하는 '홍제랑 안산이랑' 환경교육에 참여하여 환경에 대한 유아들의 이해 폭을 넓히고자 함.
- 이때 환경교육 담당자와 사전에 일정과 진행 시기 등을 조율하면서 학급에서 유아들이 인식한 환경에 대한 관심과 흥미, 문제 등에 대해 공유하여 유치원과 지역사회가 상호 협력적으로 소통하며 유아들의 교육과정을 보다 효과적으로 운영할 수 있도록 함.

방문교육 - 서대문 두바퀴환경센터(서대문구청 기후환경과)

- 방문교육을 통해 유아들은 우리 동네에 서식하고 있는 동식물에 관심을 가지고 동식물과 인간, 자연이 함께 공존하는 것의 필요성을 인식함. 나아가 끊임없이

환경에 관심을 가지고 더불어 살아가는 태도를 기르는 것의 중요성에 대해 경험할 수 있었음.

③ 우리가 버린 쓰레기는 어디로 갈까요?

현장체험 - 마포자원회수시설 '환경사랑홍보교육관'

- 학급에서 발생한 문제 상황을 시작으로 버려지는 쓰레기로 인한 문제를 인식하고 주변 환경에 관심을 가질 수 있도록 '한국환경공단'에서 운영하는 인근의 자원회수시설 '환경사랑홍보교육관' 현장체험을 진행함.

"버려진 쓰레기가 엄청 많아!"
"우리가 버린 쓰레기도 있을까?"

"엄청 커다란 크레인이다!"

"소각로에 들어간 쓰레기는 뜨거운 열이 되어 새로운 에너지가 된대!"

- 현장체험을 통해 유아들은 우리가 인식하지 못했던 쓰레기 배출의 심각성을 인식하고 일상에서 쓰레기 배출을 줄이거나, 전기 절약 및 자원 순환하기 등 다양한 환경보호 방법에 관심을 가짐. 나아가 조금 더 구체적인 분리배출 방법에 대해 알아보면서 분리된 쓰레기 중 일부는 새로운 자원이 될 수 있음을 알 수 있는 계기가 되었음.

④ 쓰레기를 줄여요

"작은 그림을 그릴 때는 조각 종이를 써야지."
"종이상자나 플라스틱도 한 번 쓰고 버리지 말고 새로운 놀잇감을 만들자!"

- 현장체험 후 유아들은 쓰레기 배출을 줄이기 위한 다양한 방법에 관심을 가지고 그중에서도 가장 쉽고 즉각적으로 일상에서 실천할 수 있는 것들부터 하나씩 실천해 나감.
- 놀이 후 놀잇감을 제자리에 바로 정리하고 미술놀이를 할 때에도 종이나 폐품을 사용하기 전 한 번 더 생각해보거나 아껴서 사용하는 등 자원을 소중히 여기는 태도의 변화가 조금씩 관찰되기 시작함.

교사가 다녀온 '서울새활용플라자'

- 이러한 유아들의 변화와 관심을 고려하여 교사는 동일연령 교사와 협의 후 서울특별시에서 운영하는 '서울새활용플라자'를 참관하고 다양한 교사교육에 참여하여 진행되는 교육과정을 지원하고자 함.

▪ 유치원과 거리가 먼 체험장소는 일과 중 유아들이 참여하기에 어려움이 있으므로 교사가 다녀온 곳을 유아들과 영상, 사진 등으로 공유하여 흥미가 확장될 수 있도록 함. 또한 주제와 관련된 다양한 체험이나 프로그램 등의 정보를 가정통신문과 홈페이지 게시판, e알리미 등을 통해 가정에 안내하여 유아들과 소통하고 함께 경험할 수 있도록 지원함.

⑤ 다시 쓸 수 있는 자원이 있어요

비: 비우고
행: 헹구고
분: 분리하고
섞: 섞지 말자

"쓰레기를 버릴 땐 **비**우고, **헹**구고, **분**리하고, **섞**지 말자!"

▪ 유아들은 지역사회와 연계한 다양한 현장체험과 방문교육 등을 통해 환경 문제의 심각성을 인식하고 우리가 환경을 위해 실천할 수 있는 것들에 관심을 가지며 특히 분리배출에 대해 높은 관심을 보임.

"플라스틱은 플라스틱끼리!"
"플라스틱에 붙어 있는 비닐은 분리해야 해!"
"선생님, 이건 플라스틱 쓰레기에 버려요? 일반 쓰레기에 버려요?"

- 유아들의 관심을 고려하여 교사는 분리배출과 관련된 다양한 활동을 지원하였으며 유아들은 쓰레기를 버릴 때도 잘 배출하고 있는지 확인하며 일상에서도 올바른 분리배출 실천을 생활화함.
- 교사는 유아들이 다양한 현장체험과 관련 수업을 통해 정확한 분리배출이 새로운 자원이 될 수 있다는 것을 알게 되면서 보다 정확하게 분리배출을 실천하려고 노력한다는 것을 알 수 있었음.
- 교육과정을 운영하면서 교사는 일회성이 아닌 지속적으로 자원순환을 실천할 수 있는 방법을 고민하면서 학급에서 이루어지고 있는 교육과정을 다른 학급 교사들과 공유함.

교사가 다녀온 협동플랫폼 '○○○○' (자원순환거점 공간)

유리병 재사용 체험

이면지 노트 만들기 체험

약산성 샴푸바 만들기 체험

- 유치원 인근에 거주하는 한 교사가 유치원 동네에서 운영하는 자원순환거점 공간을 발견하게 되어 교사회의 시간을 통해 교사들에게 정보를 공유함.
- 정보를 얻게 된 또 다른 교사가 해당 기관에서 주말 하루 동안 지역 주민들을 위해 공간을 오픈하고 다양한 체험을 해볼 수 있는 '커밍데이' 행사를 진행한다는 소식을 우연히 알게 됨. 행사에 대한 정보를 다른 교사들에게 알리고 원하는 교사들은 자율적으로 참관하거나 친환경, 새활용 제품을 만들어보는 체험 활동에 참여함.
- 교사는 현장체험의 다양한 요건을 충족하는 자원순환거점 공간인 협동플랫폼 'ㅇㅇㅇㅇ'과 교육적인 측면에서의 지속적인 교류가 가능할지에 대해 고민함.
- 자원순환거점 공간인 협동플랫폼 'ㅇㅇㅇㅇ'에서는 교사가 참여한 교육이나 활동 참여 외에도 다양한 교육을 진행하고 있어 유아를 대상으로 하는 교육이나 지속적으로 실천할 수 있는 방향에 대해 협동플랫폼의 교육 담당자와 만나 연계 가능 여부를 의논함. 유치원에서 진행되는 교육의 방향에 대해 이야기를 나누고 앞으로 지속가능한 자원순환 실천을 위한 공동의 목표와 방법 및 일정 등에 대해 충분히 협의하여 계획함.

⑥ 협동플랫폼 '○○○○' 자원순환거점 공간에 가요

현장체험 – 협동플랫폼 '○○○○' (자원순환거점공간) : 환경교육

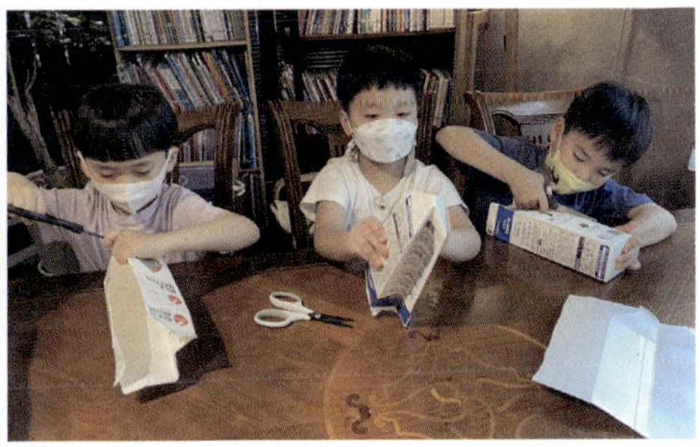

자원순환 물품 분리

"플라스틱 병뚜껑에 고무나 실리콘이 있는 것은 분리하자!"

"우유팩은 잘 펼쳐야 해."

자원순환 물품 분리배출 실천

"다시 쓰려면 끼리끼리 버려야 해."

■ 협동플랫폼 'ㅇㅇㅇㅇ' 자원순환거점 공간을 방문한 후 유아들은 해당 기관에서 수거하는 재사용품(우유팩, 플라스틱병뚜껑, 종이봉투, 텀블러, 에코백, 유리병 등)에 관심을 보임.

"우유팩 비헹분섞을 실천하자!"
"깨끗하게 비우고, 헹구고, 분리하자!"

"섞지 말자! 잘 말려야 다시 쓸 수 있어."

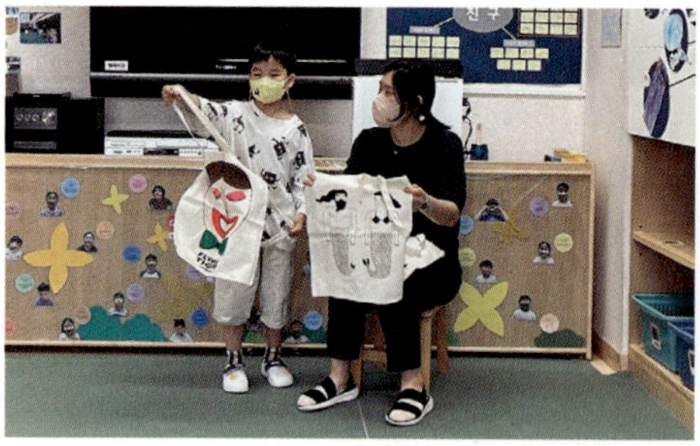

"우리 집에 쓰지 않는 에코백을 가져왔어."

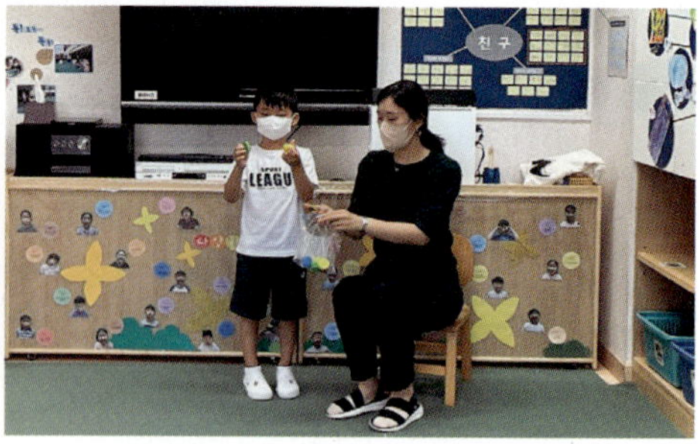

"난 플라스틱 병뚜껑을 모아왔어."

- 유아들은 협동플랫폼에서 진행하는 리워드 프로그램에 관심을 보임. 재사용할 수 있는 품목을 일정량 모아 제출하면 쿠폰에 도장을 받고, 다 모으면 자원순환 자료로 만든 생활용품을 지급 받을 수 있는 리워드 프로그램에 대해 알게 된 유아들은 자원순환 자료를 모으기 위해 유치원 곳곳에서 찾아보거나 가정에서 사용하지 않는 자원순환 물품을 가져오며 친구들에게 공유하는 시간을 가짐.

"우유팩을 다시 쓸 수 있는 곳에 가져갈 거야"
"우유팩이 생기면 모아줘!"

- 유치원에 우유 간식이 자주 나오므로 학급에서 배출되는 우유팩 외에 다른 학급에서 배출하는 우유팩도 함께 모으면 더 많은 양을 모을 수 있다는 의견이 있었음. 유아들은 다른 학급에도 홍보하며, 함께 자원순환 자료를 모을 수 있도록 격려하고 추후 당번을 정하여 정기적으로 우유팩을 수거함.

"우리가 우유팩을 모았어."

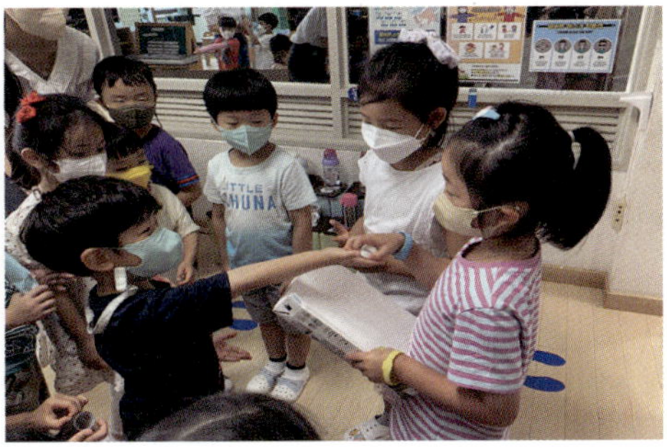

"여기 플라스틱 병뚜껑도 있어!"

- 다른 학급에서도 자원순환자료가 생길 때마다 열심히 모아 전달하며 서로에게 관심을 가지거나, 다른 학급 유아들도 일상에서 자연스럽게 자원순환을 함께 실천함. 또한 다른 학급과 주기적으로 소통하고 서로 도움을 주고 받으며 상호 협력적인 태도를 지니게 됨.

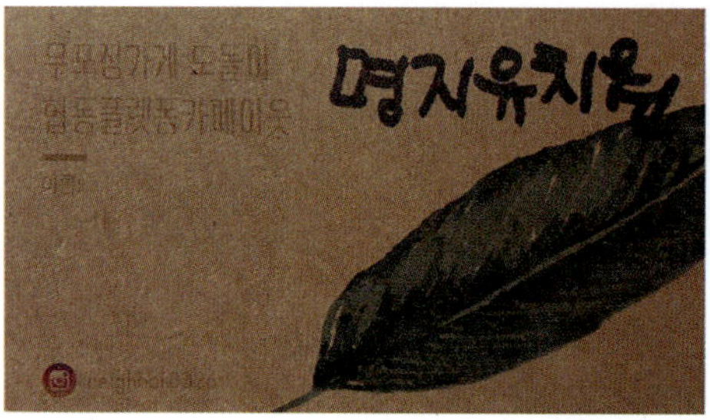

유치원에서 모은 리워드

- 유아들이 모은 자원순환자료를 협동플랫폼 'ㅇㅇㅇㅇ'에 순차적으로 전달하여 유치원과 학급의 이름으로 쿠폰에 도장을 받게 됨. 리워드 프로그램을 통해 유아들은 자발적으로 자원순환 자료를 모으는 것에 적극적인 태도로 참여하는 동기 부여가 되었음.
- 교사는 유아들이 보다 지속적으로 자원순환을 실천할 수 있도록 지원하기 위해 진행된 교육과정을 '수업사례 공개' 시간 중 가정에 안내하고, 가정에서도 유아들이 실천하는 다양한 환경보호 방법에 관심을 가지고 함께 해주시기를 안내함.
- 나아가 유치원이나 가정에서 모은 자원순환자료를 유아와 부모님이 직접 협동플랫폼 'ㅇㅇㅇㅇ'을 방문하여 제출할 수 있도록 계획함. 이를 통해 지역사회에서 운영하고 활용할 수 있는 다양한 기관에 관심을 가지고 유아의 이야기에 귀 기울이며, 서로 간에 긴밀한 소통을 이룰 수 있도록 함.

⑦ 가족과 함께 재사용품 리워드 프로그램에 참여해요

개나리반 가족과 함께하는 「재사용품 리워드 프로그램」 안내
자원순환 거점 – 협동플랫폼 'OOOO'

학기 말 상담 시 안내해드린 바와 같이 진행되고 있는 수업과 연계하여 개나리반 가족과 함께 「재사용품 리워드 프로그램」에 참여하고자 합니다. 어린이들과 함께 인근의 자원순환 거점 – 협동플랫폼 '카페 이웃'에 방문하시어 유치원에서 모은 자원을 제출하시고 리워드 프로그램에 참여해주시기 바랍니다. 어린이들과 의논한 일정을 다음과 같이 안내해드리오니 참고하시기 바라며, 어린이들이 환경을 생각하며 실천하는 자원순환에 적극적인 관심과 지원 부탁드립니다.

※ 어린이들이 모은 자원은 협동플랫폼 방문 일정에 맞춰 가정으로 보내드릴 예정이오니 가정에서도 함께 자원을 모아 제출해주시기 바랍니다.

협동플랫폼 수거 자원 : 우유팩, 플라스틱 병뚜껑(PP, HDPE 재질만 가능), 텀블러, 에코백, 유리병, 종이가방

주소 : 서울 서대문구 가좌로 77, 1층
전화번호 : 070-8118-0326
영업시간 : 평일(월~금) 12:00 – 20:00
토요일 11:00 – 18:00
일요일 정기 휴무

협동플랫폼 '카페 이웃' 방문 일자		유아명	유치원으로 리워드 쿠폰 가져오는 일자
6월	6월 22일(수) – 6월 23일(목)	주○○	6월 24일 (금)
	6월 24일(금) – 6월 25일(토)	남○○	6월 27일 (월)
	6월 27일(월) – 6월 28일(화)	김○○	6월 29일 (수)
	6월 29일(수) – 6월 30일(목)	강○○	7월 1일 (금)
7월	7월 1일(금) – 7월 2일(토)	김○○	7월 4일 (월)
	7월 4일(월) – 7월 5일(화)	최○○	7월 6일 (수)
	7월 6일(수) – 7월 7일(목)	선○○	7월 8일 (금)
	7월 8일(금) – 7월 9일(토)	선우○○	7월 11일 (월)
	7월 11일(월) – 7월 12일(화)	정○○	7월 13일 (수)
	7월 13일(수) – 7월 14일(목)	심○○	7월 15일 (금)
	7월 15일(금) – 7월 16일(토)	김○○	7월 18일 (월)
	7월 18일(월) – 7월 19일(화)	손○○	7월 20일 (수)
	7월 20일(수) – 7월 21일(목)	김○○	7월 22일 (금)
여름 방학			
8월	8월 24일(수) – 8월 25일(목)	조○○	8월 26일 (금)
	8월 26일(금) – 8월 27일(토)	정○○	8월 29일 (월)
	8월 29일(월) – 8월 30일(화)	윤○○	8월 31일 (수)
	8월 31일(수) – 9월 1일(목)	최○○	9월 2일 (금)
9월	9월 2일(금) – 9월 3일(토)	김○○	9월 5일 (월)
	9월 5일(월) – 9월 6일(화)	이○○	9월 7일 (수)
	9월 7일(수) – 9월 8일(목)	김○○	9월 13일 (화)
	9월 14일(수) – 9월 15일(목)	최○○	9월 16일 (금)
	9월 16일(금) – 9월 17일(토)	차○○	9월 19일 (월)
	9월 19일(월) – 9월 20일(화)	임○○	9월 21일 (수)
9월	9월 21일(수) – 9월 22일(목)	황○○	9월 23일 (금)
	9월 23일(금) – 9월 24일(토)	신○○	9월 26일 (월)

※ 방법 및 일정은 유아들과 의논하여 결정하였으므로 위의 일정표를 확인하시어 해당일에 참여가 어려우신 경우 사전에 유치원으로 연락 주시기 바랍니다.
※ 각 가정이 순차적으로 참여할 예정입니다. 다음 가정의 일정에 맞춰 참여할 수 있도록 협동플랫폼 방문 및 유치원으로 가져오는 일정을 꼭 지켜주시기 바랍니다.
※ 해당 프로그램은 희망자에 한하여 진행됩니다.

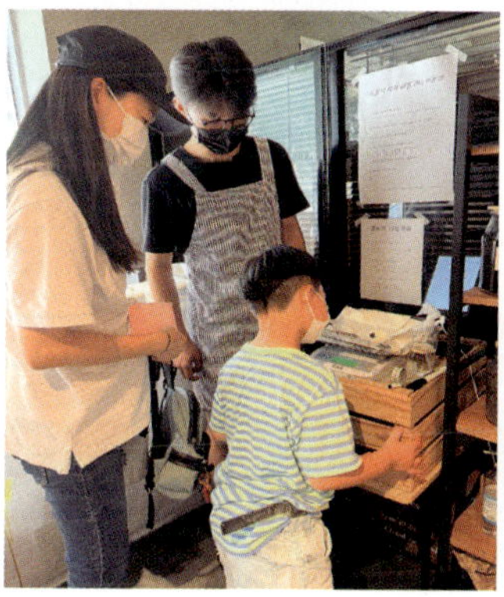

"어서 오세요."
"안녕하세요. OO유치원 개나리반에서 왔어요. 오늘은 엄마랑 같이 왔어요."
"우유팩 200g에 리워드 도장 1개 찍어 줄게요."

- 협동플랫폼 'ㅇㅇㅇㅇ'에 가족과 함께 방문하는 일정과 방법 등에 대해 의논하여 순서 및 일정을 정함. 이 과정을 통해 유아들은 내가 알고 있는 경험이나 지식을 가족에게 공유하며 주도적으로 자원순환을 실천하는 것에 성취감을 느낌.

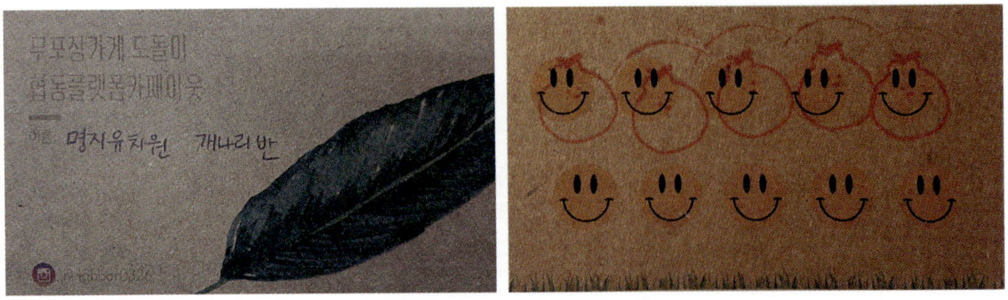

가족과 함께 모은 리워드

- '가족과 함께하는 리워드 프로그램'을 계획하여 자원순환이 일시적으로 끝나는 것이 아니라 지속가능한 실천이 될 수 있도록 가정과 유아를 지원하고자 함. 유아들은 쿠폰을 한 장씩 모으면서 일상에서 실천한 자원순환 방법에 관심을 가지고 애정을 느끼기도 하며 현재까지 지속적으로 실천해 나가고 있음.

'환경 사랑 우리가 시작해요'를 마치며...

- 환경문제를 인식하고 공감하며, 환경을 보호하고 소중하게 여기는 태도를 기름.
- 생활 속에서 환경보호를 위해 할 수 있는 것들을 실천하려고 노력하며, 주변 사람들에게도 동참할 것을 권하고 함께 생태시민으로 성장하기 위해 노력함.

- 생태전환교육에 대한 지식이나 정보를 수시로 공유하고 협의하면서 다양한 경험을 쌓을 수 있어 교사의 전문성, 수준이 향상됨.
- 동료교사 및 원감, 원장이 함께 교육과정 운영 시의 어려움이나 고민을 나누고 해결방안을 모색해 나가면서 상호협력적인 태도를 지님.
- 생태전환교육에 대해 함께 공유하고 공부하면서 교육공동체 구성원들이 일상에서도 환경을 위해 노력하며 생태시민으로 성장해 나감.

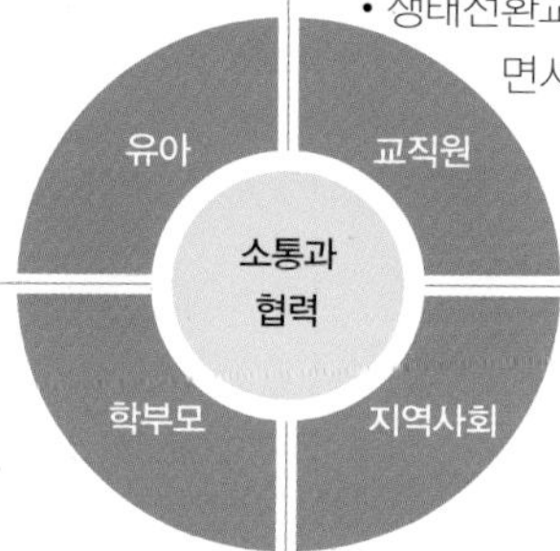

- 진행되는 수업 과정을 가정통신문, 수업사례 공개 등을 통해 가정과 공유하여 가정에서도 유아들의 유치원 생활과 교육에 관심을 가지고 자원순환 실천에 동참함.
- 협동플랫폼을 유아들과 함께 방문하여 유아들이 주도적으로 실천하는 환경 사랑 방법에 함께 참여하며, 학부모 스스로도 환경문제를 인식하고 유아에게 모범이 될 수 있도록 노력함.

- 일시적 연계가 아닌 지속적이고 실천 가능한 공동의 목표를 함께 설정하여 상호 협력적인 관계를 형성함.
- 유치원은 인근의 물적, 인적 자원을 교육과정과 연계하여 교육의 효과를 달성함.
- 해당 기관은 유아들이 유치원과 가정에서 모아 제출한 자원으로 새활용품, 재사용품을 제작하는 환경보호단체나 기업 등과 연계하여 협력할 수 있었으며, 운영 실적을 높일 수 있음.

CAFE_NEIGHBOR
게시물
cafe_neighbor
좋아요 47개
cafe_neighbor 오늘은 (6.16) 세계리필데이입니다.
일회용 플라스틱 사용을 줄이고, 자원재사용을 위해 유럽에서 확산되고 있는 캠페인인데요.
그런 날에, 카페이웃&도돌이를 방문한 명지유치원 어린이들.
자원순환에 대해 배우고 직접 자원순환실천에도 참여했습니다.
이번주와 다음주에 걸쳐 총 54명이 참여하게 되는데요, 어린이들을 보니, 이전의 자본주의적인 소비에 쩌든 어른들보다 훨씬 세상을 빨리 바꿔나가지 않을까 살짝 기대가 생겼습니다. 여기가 어디죠? 물었더니, 자원순환가게요~하고 답하는 고마운 친구들. 반가웠어요. 어린이 여러분.
인솔하고 여기까지 와주신 명지유치원 선생님들께도 감사 인사를 전합니다~
CAFE_NEIGHBOR
게시물
cafe_neighbor
좋아요 47개
#명지유치원 #어른보다낫네 #어린이 #환경실천 #에코공동체 #주민도슨트 #자원순환 #재사용 #마을공동체 #커뮤니티 #카페이웃 #협동플랫폼 #동네상점 #골목상권 #제로웨이스트 #무포장가게 #도돌이 #세제리필 #리필샵 #친환경 #우유팩 #멸균팩 #멸종위기 #명지대카페 #홍은동카페 #예비사회적기업 #마을언덕사회적협동조합
6월 16일

참고문헌

교육부(2020). 유아 · 놀이 중심 교육 지원을 위한 학습공동체 실천이야기.

교육부, 보건복지부(2019). 2019 개정 누리과정 해설서.

국립국어원 표준국어대사전(n.d.). 소통. 협력.

권미경(2016). 유치원과 어린이집 지역사회 연계 실태 및 활성화 방안(2016-04). 육아정책연구소.

김계순(2014). 만 4세 유아와 초등1,2학년의 협력적 교육활동의 효과. 원광대학교 대학원 박사 학위논문.

김은희, 김경철, 홍순옥, 임영심, 정수경(2007). 유아교육기관에서 공동체적 부모참여의 발달과 교육적 의미. 변형영유아교육연구, 11(1), 29-44.

김지은, 엄정애(2014). 만 5세 유아를 위한 지역사회 참여 활동의 효과적인 운영에 관한 실행 연구. 교과교육학연구, 18(1), 113-139.

명지전문대학원 부속 명지유치원 편(2015). 명지전문대학 유치원 교육과정. 공동체.

방유선(2016). 유아교사가 인식하는 "부모참여"의 의미: 교육공동체의 관점에서. 열린유아교육연구, 21(3), 117-147.

서울시마을공동체 종합지원센터(2015). 여섯갈래의 마을학교로 가는 길: 2015 마을과 학교 상생 프로젝트 모니터링 및 사례연구 보고서.

서울특별시교육청(2022). 2022 서울유아교육계획.

서현, 서경희, 정은숙(2012). 유아의 어머니와 교사 간의 의사소통에 대한 의미 들여다보기. 한국영유아보육학, 70, 73-99.

서희전, 김혜정(2018). 유아 인성함양을 위한 지역사회 교육 네트워크에 대한 유아교사의 인식 및 요구. 학습자중심교과교육연구, 18(20), 1143-1167.

이화여자대학교 사범대학 부속이화유치원 편(2021). 놀이, 배움, 가르침의 통합을 위한 유아교육 바로알기. 창지사.

조운주, 최일선(2020). 유아사회교육. 창지사.

지옥정(2013). 지속가능발전교육을 위한 '공원 프로젝트' 중 유아들의 공원에 대한 인식 변화 분석. 어린이미디어연구, 12(3), 373-396.

지옥정(2014). 유아기 지속가능발전교육을 위한 '종이 프로젝트'에서 지역사회와의 연계가 연계 주체들에게 미친 영향. **어린이미디어연구**, 13(3), 199-225.

진다정, 이승연(2021). 놀이중심 교육 실행을 위한 교사학습공동체의 운영과정과 의미. **한국유아교육연구**, 23(2), 26-57.

한용진 외 16인(2017). **일본의 지역교육력: 이해와 실제**. 학지사.

Bingham, C., & Sidorkin, A. M. (Eds.)(2004). *No education without relation*. Peter Lang.

Davis, J. (2010). What is early childhood education for sustainability. In J. Davis (Ed.), *Young children and the environment: Early education for sustainability*. (pp.21-42). Cambridge University Press.

Degortardi, S., & Pearson, E. (2014). *The relationship worlds of infants and toddlers: Multiple perspectives from early years theory and practice*. Open University Press.

Epstein, J. L. (1995). School/family/community partnerships. *Phi Delta Kappan*, *76*(9), 701-713.

Gestwicki, C. (2009). *Home, school, and community relation* (7th ed.). Cengage Learning.

National Research Council Institute of Medicine (2000). *From neurons to neighborhoods*. National Academy Press.

National Scientific Council on the Developing Child (2004). *Young children develop in an environment of relationships* [Working paper 1]. Centre on the Developing Child, Harvard University.

Phillips, L. G. (2014). I want to do real things: Explorations of children's active community participation. In J. Davis, & S. Elliott (Eds.), *Research in Early childhood education for sustainability: International perspectives and provocations* (pp.194-207). Routledge.

OECD (2012). *Starting Strong III - A quality toolbox for early childhood education and care*. OECD publishing.

Smidt, S. (2013). *Introducing Malaguzzi: Exploring the life and work of Reggio Emilia's founding father*. Routledge.

Wood, E. (2013). *Play, learning and the early childhood curriculum* (3rd ed.). SAGE.

집필진

김난실

명지전문대학 부속 명지유치원 원장

명지전문대학 유아교육과 교수

김진수

명지전문대학 부속 명지유치원 원감

최유니

명지전문대학 부속 명지유치원 교사

박선주

명지전문대학 부속 명지유치원 교사

이채리

명지전문대학 부속 명지유치원 교사

어린이교육의 기본 바로 알기 시리즈 ⑫

소통과 협력을 통한 교육과정운영 바로 알기

초판 1쇄 인쇄 2022년 8월 16일
초판 1쇄 발행 2022년 8월 23일

지 은 이 | 명지전문대학 부속 명지유치원
펴 낸 이 | 김기섭
편 집 인 | 이현남
펴 낸 곳 | 창지사 www.changjisa.com
08589 서울시 금천구 가산디지털 1로 83 파트너스타워 1차 9층
전화 (02)719-2211~3
팩스 (02)701-9386
등 록 | 1977년 4월 28일 · 제1-421호

ISBN 9978-89-426-1551-3 (93370)

값 14,000원